맛있는 과학

디스커버리 에듀케이션

맛있는 과학-01 힘

1판 1쇄 발행 | 2011. 11. 4.
1판 5쇄 발행 | 2025. 2. 14.

발행처 김영사 | **발행인** 박강휘
등록번호 제 406-2003-036호 | **등록일자** 1979. 5. 17.
주소 경기도 파주시 문발로 197 (우10881)
전화 마케팅부 031-955-3100 편집부 031-955-3113~20 팩스 031-955-3111

값은 표지에 있습니다.
ISBN 978-89-349-5255-8 64400
ISBN 978-89-349-5254-1 (세트)

좋은 독자가 좋은 책을 만듭니다. 김영사는 독자 여러분의 의견에 항상 귀 기울이고 있습니다.
전자우편 book@gimmyoung.com | 홈페이지 www.gimmyoung.com

| 어린이제품 안전특별법에 의한 표시사항 | **제품명** 도서 **제조년월일** 2025년 2월 14일
제조사명 김영사 **주소** 10881 경기도 파주시 문발로 197 **전화번호** 031-955-3100 **제조국명** 대한민국
사용 연령 8세 이상 ⚠**주의** 책 모서리에 찍히거나 책장에 베이지 않게 조심하세요.

최고의 어린이 과학 콘텐츠

디스커버리 에듀케이션 정식 계약판!

Discovery EDUCATION

맛있는 과학

1 | 힘

김민정 글 | 김준연 그림 | 류지윤 외 감수

주니어김영사

차례

1. 신비한 힘

2. 마찰력

3. 관성력

4. 중력과 만유인력

5. 자기력

6. 원심력, 구심력, 작용-반작용

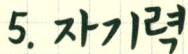

관련 교과

초등 4학년 1학기 1. 무게 재기
초등 5학년 2학기 8. 에너지
중학교 1학년 7. 힘과 운동

1. 신비한 힘

여러분은 '힘' 하면 무엇이 떠오르나요? 울퉁불퉁한 근육이 있는 남자? 자동차도 번쩍 들어 올리는 슈퍼맨? 힘이라고 부르는 것이 어색할 만큼 작은 힘에서부터 상상조차 할 수 없을 만큼 큰 힘, 눈에 확실히 보이는 힘부터 눈에 보이지 않는 힘까지, 세상에는 다양한 힘이 있어요. 지금부터 힘의 종류에 대해 알아보아요.

고무줄

"고무줄 없는 팬티와 같다."라는 말을 들어 본 적이 있나요? 이 말은 무슨 뜻인가요? 한번 상상해 보세요. 고무줄 없는 팬티를 입었을 때 어떻게 되는지 말이에요. 당연히 팬티가 줄줄 흘러내려서 하루 종일 손으로 팬티를 잡고 다녀야겠지요.
이 말은 가장 중요한 역할을 하는 요소가 빠져 있어서 아무 소용이 없다는 뜻입니다. 고무줄에는 어떤 힘이 있기에 흘러내리는 옷도 꽉 잡아 주는 걸까요?

재미있는 고무줄총

문방구에서 도화지를 사면 돌돌 말아 고무줄에 끼워 줍니다. 동그랗고 노란 고무줄이지요. 이 고무줄이 어떤 특징이 있는지 알고 싶다면 고무줄을 양손으로 잡아당겨 보세요. 점점 길쭉한 모양이 됩니다. 그리고 어느 순간 두 손을 동시에 놓아 보세요. '퉁' 하는 소리를 내며 공중으로 솟아올랐다가 다시 처음 모양으로 돌아올 것입니다.
이렇게 늘어났다가 원래대로 돌아오는 특징이 있는 고무줄

은 우리에게 좋은 장난감이 됩니다. 고무줄을 힘껏 잡아당겼다가 옆에 있는 친구를 향해 손을 놓아 버리면 어떤 상황이 벌어질까요? 고무줄은 소리를 내며 친구의 몸을 향해 튕겨 나갈 것입니다. 그러면 친구는 아파하며 울상을 짓겠지요. 작고 연약해 보이는 고무줄에 사람을 아프게 할 수 있는 힘이 숨어 있는 것입니다. 이 고무줄의 힘에 대해 좀 더 자세히 알아보아요.

고무줄에 어떤 비밀이 있나요?

노란 고무줄을 양쪽에서 잡아당기면 어떤 변화가 생길까요?

우선 가장 눈에 띄는 변화는 길이입니다. 고무줄을 양쪽에서 잡아당기면 길이가 점점 길어집니다. 원래 길이에서 몇 배로 늘어날 수 있는 힘이 있어요.

그다음 눈에 띄는 변화는 모양입니다. 고무줄을 양쪽에서 잡아당기면 동그랬던 모양이 점점 길쭉해지고 두께도 서서히 얇아집니다. 계속 당기다 보면 끊어질 것만 같지요.

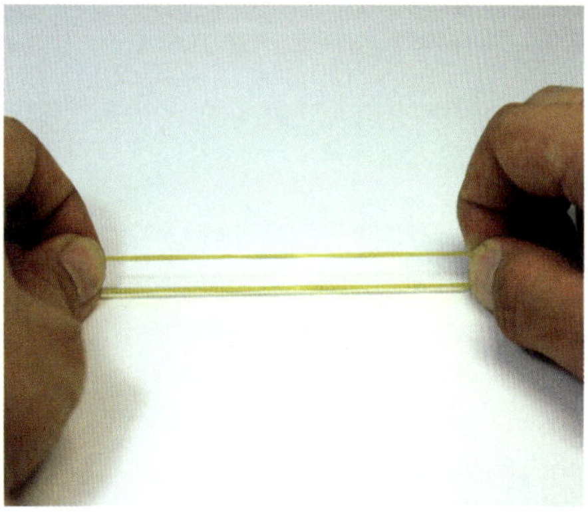

힘을 주지 않은 고무줄(위)과 힘을 준 고무줄(아래).

모양뿐 아니라 색깔에도 변화가 있습니다. 노란색이 좀 더 투명해지며 옅어집니다.

힘을 주었던 손을 놓으면 고무줄은 어떻게 될까요?

자, 고무줄.
변신해 볼까?
고무줄
오케이!
탱탱
쭉쭉

다시 이전 모습으로 돌아옵니다. 동그란 모양의 평범한 고무줄은 이렇게 다양하게 변신할 수 있습니다.

고무줄은 어디에 사용할까요?

힘을 주면 쭉쭉 늘어나기도 하고, 힘을 안 주면 원래대로 돌아오는 고무줄은 어디에 사용될까요?

우선, 여러분이 입는 고무줄 바지에 사용됩니다. 고무줄은 잘 늘어나기 때문에 우리가 바지를 입었을 때 우리 허리둘레만큼 늘어나 바지가 내려가지 않도록 잘 고정해 주어요. 고무줄은 미술 시간에 끼는 토시에도 사용됩니다. 손목 부분과 팔꿈치 부분에 고무줄을 끼워 흘러내리지 않도록 잘 고정해 주는 덕분에 옷에 다른 이물질을 묻히지 않을 수 있습니다.

도화지처럼 넓적하고 얇은 물건을 돌돌 말 때도 고무줄을 이용합니다.

찢어지기 쉽거나 너무 넓적해서 운반하기 어려운 물건을 돌돌 말아 고무줄에 끼우면 편하고 안전하게 운반할 수 있습니다. 필요할 때에 간단하게 고무줄을 빼내어 펼치기만 하면 되지요.

머리끈

토시

새총

그뿐이 아닙니다. 우리 친구들이 고무줄놀이를 할 때에도 고무줄은 꼭 필요합니다. 다리를 걸어 고무줄을 뛰어넘거나, 밟으면서 뛰어도 고무줄은 끄떡없습니다. 잘 늘어나는 데다 질기기 때문이지요.

이 밖에 머리를 묶는 끈에도 고무줄을 사용합니다. 더운 여름날에 고무줄로 머리를 높이 묶으면 목 부분이 시원합니다.

이와 같이 고무줄은 셀 수 없이 많은 곳에 사용됩니다. 대수롭지 않아 보이는 고무줄의 힘 덕분에 우리는 매우 편리하게 생활하고 있습니다.

고무줄이 쓰이는 곳은 많지만 역시 머리 끈이 최고야!
허리가 고무줄로 된 운동복이 제일 편해!

용수철

용수철의 힘

뚜껑을 여는 순간 툭 하고 인형이 튀어나오는 상자를 본 적이 있나요?

전혀 예상하지 못한 순간에 피에로나 괴물 인형이 튀어나와 우리를 매우 놀라게 하지요. 이 상자에는 어떤 비밀이 있기에 뚜껑을 여는 순간 인형이 튀어나올 수 있을까요?

그 비밀은 바로 용수철입니다. 인형과 상자 사이에 용수철이 붙어 있기 때문이지요. 상자 뚜껑을 닫았을 때는 용수철 길이가 줄어들어 인형이 납

상자와 인형 사이에 용수철을 연결하면 뚜껑을 여는 순간 인형이 튀어나온다.

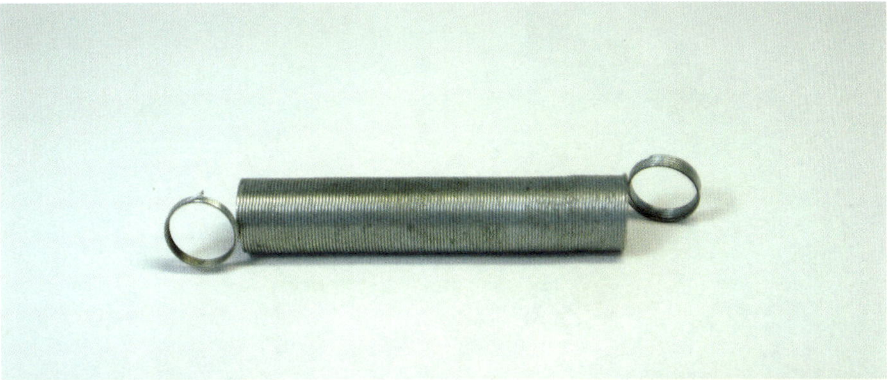

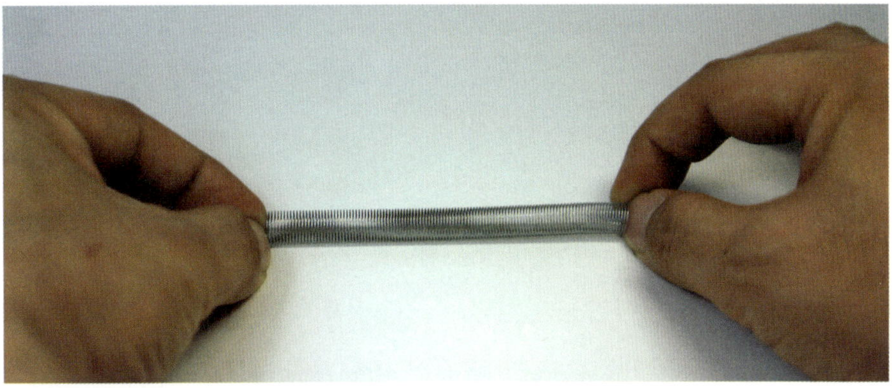

용수철에 힘을 주지 않았을 때의 모습(위)과 힘을 주어 잡아당겼을 때의 모습.

작하게 웅크리고 있어요. 그러다 뚜껑을 열면 위의 공간이 넓어져 용수철 길이가 늘어나면서 인형이 툭 튀어나오는 것입니다. 용수철은 길이가 줄어들었다가 원래 길이로 돌아오면서 물건을 움직일 수 있는 힘을 냅니다.

용수철을 서서히 잡아당겨 보세요. 용수철을 잡아당기면 나선형으로 빙빙 비틀린 용수철의 사이 간격이 넓어지면서 길이가 길어지는 것을 알 수 있어요. 잡아당겼던 손을 놓아 보세요. 길어졌던 용수철이 다시 제자리로 돌아가면서 원래 길이가 되지요. 이번에는 용수철을 점점 납작하게 만들어 보세

나선형

소라의 껍데기처럼 빙빙 비틀려 돌아간 모양을 말합니다. 이 나선형은 용수철뿐 아니라 계단, 방파제 등 여러 곳에서 볼 수 있습니다.

용수철이 들어간
물건을 찾아봐야지.
같이 가!

요. 용수철 사이의 간격이 좁아지면서 꼬마 용수철이 되지요. 손을 놓으면 다시 처음 길이로 돌아옵니다. 이와 같이 용수철은 철사를 감아 만든 것으로 힘을 주는 방향에 따라 길이가 짧아지거나 길어지고, 힘을 주지 않았을 때에는 다시 원래 길이로 돌아오는 나선형 모양의 줄입니다. 외부 힘에 의해 길어지고 짧아지면서 물건을 움직일 수 있는 힘이 생기지요.

용수철은 어디에 사용할까요?

이렇게 모양을 자유롭게 바꾸는 용수철은 어디에 사용할까요?

우선 여러분의 책상을 한번 보세요. 아마도 스테이플러가 있을 거예요. 스테이플러는 흩어져 있는 종이

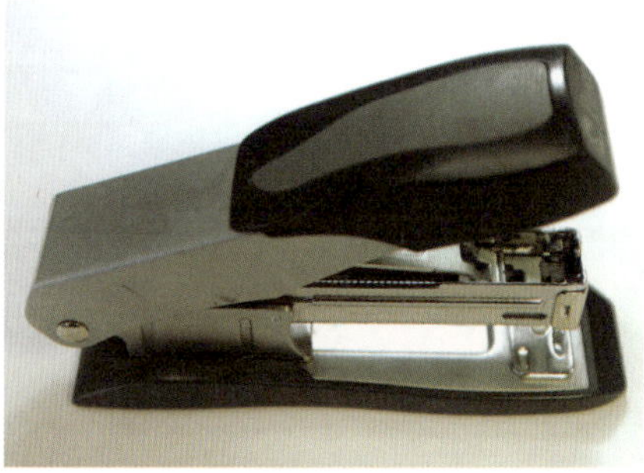

용수철의 힘을 이용한 스테이플러.

를 하나로 묶어 주는 편리한 도구입니다. 이 스테이플러 속에 용수철이 두 군데에나 들어 있어요. 우선 스테이플러 손잡이 부분을 열어 보면 기다란 용수철이 보여요. 스테이플러 속에는 심을 넣는데, 심을 넣는 곳에 바로 이 용수철이 있지요. 심을 넣었을 때는 스테이플러 심의 부피 때문에 용수철 길이가 짧아졌다가 심이 하나씩 사용되며 없어지면서 용수철 길이도 조금씩 길어집니다. 용수철 길이가 길어지면서 스테이플러 심을 앞으로 밀어 주는 거예요. 또한 스테이플러를 꾹 눌렀다가 손을 치우면 스테이플러 손잡이는 원위치로 돌아옵니다. 스테이플러 중간에 박혀 있는 큰 용수철 덕분이랍니다.

용수철은 자동차에도 이용됩니다. 자동차 바퀴 위에 용수철이 있어서 자동차가 흔들릴 때 그 충격을 흡수해 줍니다. 그 덕분에 자동차 안에 타고 있는 사람은 그만큼 충격을 덜 받지요.

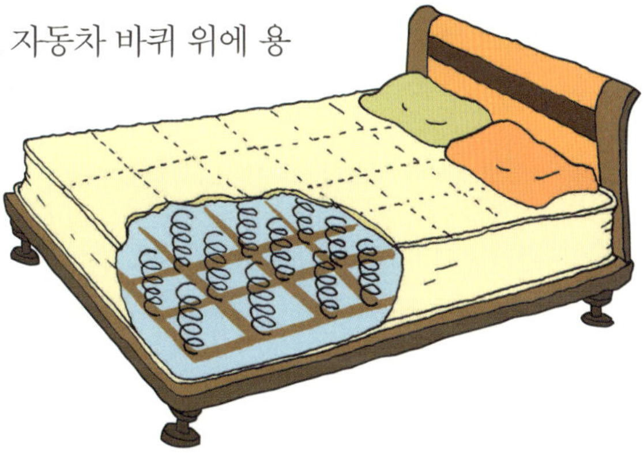
매트리스 속에는 커다란 용수철이 들어 있다.

침대의 매트리스에도 용수철이 있습니다. 매트리스 속에는 커다란 용수철이 있어서 사람이 누웠을 때에 사람의 무게가 누르는 곳은 힘을 받아 용수철 길이가 짧아집니다. 무게에 맞게 매트리스가 눌려서 푹신푹신한 느낌을 받게 되지요. 딱딱한 방바닥에 누우면 바닥에 닿는 몸의

자전거 안장 아래에도 용수철이 사용된다.

부위로만 몸무게를 지탱해야 하기 때문에 시간이 지나면 그 부위가 아파 오지만 매트리스에 누우면 온몸에 힘이 고르게 나뉘어서 아픈 부위 없이 편안히 잘 수 있습니다.

이 밖에도 용수철은 곳곳에 쓰입니다. 손전등의 건전지 넣는 곳에 쓰여 건전지를 지탱해 줍니다. 자전거 안장 아래에도 용수철이 있어서 자전거에 탄 사람이 받을 충격을 줄여 주지요. 또한 발판이 있는 기다란 막대기의 아랫부분에도 용수철을 달아 콩콩거리며 뛰어놀 수 있습니다.

잠시만요. 확인할 게 있어요.
아빠 출근해야 하는데….
와, 진짜 용수철이 숨어 있었어.

스펀지

딱딱한 의자 위에 놓여 내 엉덩이를 푹신하게 감싸 주는 방석. 방석 속에 무엇이 들어 있기에 이렇게 푹신푹신할까요? 바로 스펀지랍니다. 스펀지는 어떤 방법으로 사람에게 푹신푹신한 느낌을 주는지 궁금하지 않나요? 차근차근 스펀지의 비밀을 캐 봅시다.

스펀지가 푹신푹신한 비밀

작은 스펀지를 하나 구해 손으로 감싸 쥐어 보세요. 힘을 주는 대로 스펀지 모양이 변하지요? 손으로 누르는 부위의 스펀지 부피가 줄어들었기 때

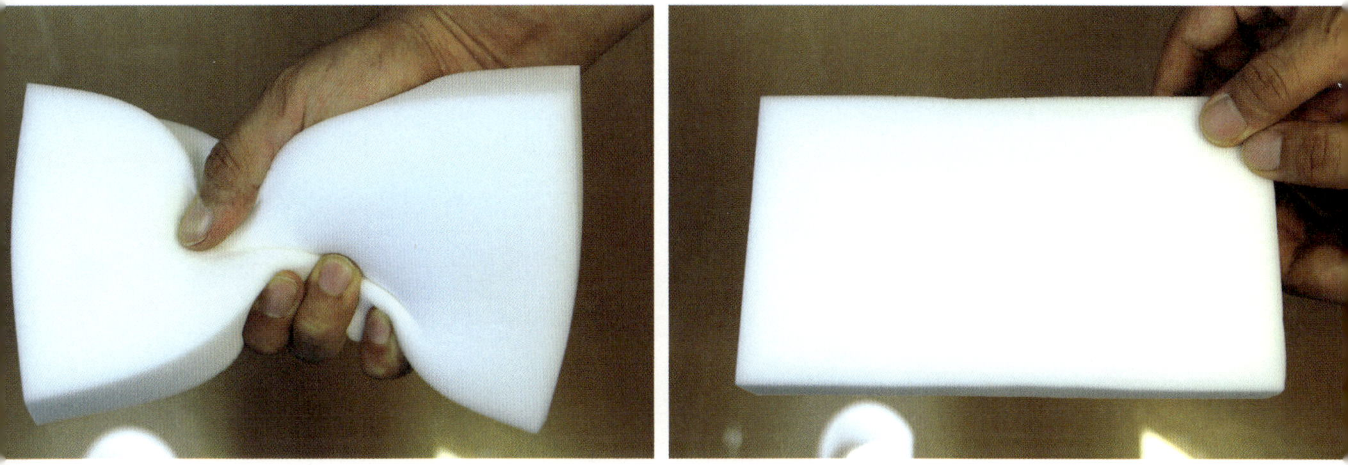

스펀지를 손으로 꽉 잡았을 때의 모습(왼쪽)과 손에서 놓았을 때의 모습(오른쪽).

방석 속
스펀지 덕분에
푹신해.

문이에요.

다시 손가락을 펴 보세요. 줄어들었던 스펀지가 원래 모양대로 돌아오는 것을 확인할 수 있습니다. 왜 스펀지는 힘을 주었을 때에는 부피가 줄어들고, 힘을 주지 않았을 때에는 원래 부피로 돌아오나요? 그것은 바로 스펀지 사이사이에 있는 수많은 구멍 때문입니다. 사람이 방석 위에 앉으면 그 안에 있는 스펀지의 구멍이 좁아지면서 부피가 줄어들고 다시 일어서면 구멍이 커지면서 부피가 늘어나지요. 스펀지의 이런 원리 때문에 딱딱한 의자 위에 방석 하나만 얹으면 푹신한 느낌을 받으며 오랫동안 앉아 있을 수 있습니다.

놀라운 스펀지

스펀지는 푹신푹신한 느낌을 주는 일 외에 다른 일도 할 수 있습니다.

만약 여러분이 실수로 물을 쏟아 버렸다면 스펀지로 물을 닦아 보세요. 놀랍게도 스펀지는 물을 흡수합니다. 이 또한 스펀지 사이사이에 뚫린 구멍 때문입니다. 쏟아진 물에 스펀지를 대는 순간 수많은 구멍 사이로 물이 스며듭니다.

스펀지는 물뿐 아니라 소리도 흡수합니다. 우리를 괴롭히는 소음이 계속 들리면 스펀지로 만든 귀마개를 끼어 보세요. 스펀지 구멍이 소리를 흡수해 시끄러운 소리가 내 귓속에 들어오는 것을 막아 주거나 소리 크기를 낮추어 줍니다.

스펀지로 만든 귀마개.

다양한 힘의 원리

공부를
할 것인가,
나가서
놀 것인가!
탄성은
잡아당기는
반대쪽으로
작용한다고!
그러니까
그만 좀
당겨!

고무줄, 용수철, 스펀지처럼 힘을 주었을 때에는 모양이 바뀌었다가, 힘을 주지 않았을 때에는 제 모습으로 되돌아오는 성질을 '탄성'이라고 합니다. 그렇게 제자리로 돌아올 수 있는 힘을 '탄성력'이라고 하고요. 탄성력의 방향은 항상 내가 힘을 준 반대 방향으로 작용합니다. 오른쪽으로 힘을 주어 용수철을 잡아당기면 탄성력은 왼쪽으로 작용하여 손을 놓았을 때 용수철이 왼쪽으로 돌아가지요.

그렇다면 이런 탄성을 가진 물체에는 무엇이 있을까요?

탄성이 있는 물체들

피부에 탄성이 있어서 괜찮아.
입 찢어지겠다.

고무줄, 용수철, 스펀지 말고 탄성을 가진 물체는 또 무엇이 있을까요? 우리가 미처 생각하지 못했던 많은 물건이 이 탄성을 이용해 만들어졌습니다. 고무로 만들어진 지우개, 바닥에 던지면 튀어오르는 공이 탄성을 이용한 대표적인 물건입니다. 이뿐이 아닙니다. 손으로 누르면 살짝 눌렸다가 손을 떼면 다시 예쁜 모양으로 돌아오는 삶은 달걀에도 탄성이 있습니다. 힘을 주면 모양이 변했다가 손을 떼면 다시 제 모양으로 돌아오는 장난감도 탄성을 이용하여 만듭니다.

놀라운 일은 우리 몸에도 탄성이 있다는 사실입니다. 피부를 손으로 누르면 쏙 들어가고 다시 손을 떼면 처음 모양대로 평평해집니다. 이와 같이 탄성은 곳곳에서 발견할 수 있는 힘입니다.

탄성이 있어서 편리해요

탱탱, 쭉쭉, 푹신한 힘이 있어서 어떤 점이 좋은지 구체적으로 알아봅시다. 우리가 좋아하는 놀이 기구 중에 트램펄린이라는 것이 있습니다. 놀이동산이나 공원에 가면 볼 수 있는 놀이 기구이지요. 트램펄린은 그 위에서 조금만 뛰어도 하늘 높이 날아갈 것처럼 펄쩍펄쩍 뛰어오르게 해 줍니다.

이 트램펄린에도 용수철이 있습니다. 늘어났다가 줄어들었다가 하는 용수철의 특징 덕분에 우리가 그 위에서 펄쩍펄쩍 뛰어놀 수 있습니다. 공중으로 뛰어오를 때는 용수철이 늘어나고, 발을 딛는 순간에 용수철이 줄어드는 것이지요.

트램펄린은 놀이 기구로뿐 아니라 체조 선수의 도약을 도와주는 도구이기도 합니다. 트램펄린의 탄성을 이용해서 체조 선수는 앞뒤로 공중제비를 도는 등의 기술을 펼칩니다.

탄성을 이용한 도구에는 자동차 바퀴도 있습니다. 자동차 바퀴는 고무로 둘러싸여 있지요. 울퉁불퉁한 길을 갈 때 받는 충격을 고무의 탄성력으로 흡수해서 충격이 우리 몸에 덜 전달되도록 해 줍니다. 자동차 바퀴 위에도

트램펄린 위에서는 높이 뛰어오를 수 있다. ⓒ Ludraman@the Wikimedia Commons

탄성의 원리가 숨어 있습니다. 자동차 바퀴 위에 커다란 용수철이 있어서 자동차가 흔들려도 충격을 흡수해 우리 몸을 조금만 흔들리게 해 주지요.

탄성력을 이용한 예는 불이 난 현장에서도 볼 수 있습니다. 불을 피해 많은 사람이 건물 옥상으로 대피해 있을 때 소방관들은 이들을 어떻게 구조할까요? 간혹 사람들이 옥상에서 뛰어내리는 광경을 볼 수 있습니다. 만약 사람들이 아스팔트 위로 떨어진다면 끔찍한 부상을 당하겠지요. 하지만 이때 사람들이 떨어지는 곳은 아스팔트가 아니라 그 위에 깔린 매트입니다. 스펀지로 만들어진 매트는 사람들을 상처 하나 없이 무사히 구조해 내는 데에 큰 역할을 합니다.

이 매트는 화재 현장뿐 아니라 체육 시간에도 쓰입니다. 매트 위에서 앞구르기, 뒤 구르기를 하면 다치지 않고도 무사히 이 기술들을 해낼 수 있습니다.

탄성을 잃었어요

용수철을 하염없이 계속 늘려 보세요. 최대한 길게 말이에요. 끝까지 늘렸다면 이제 손을 놓아 보세요. 뜻밖에도 용수철은 제 길이로 돌아오지 않습니다. 탄성력이 강한 용수철이 웬일일까요?

내가 너무
세게 당겼나?

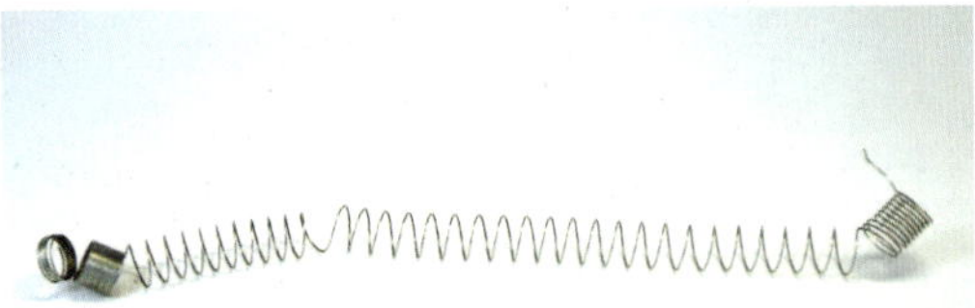

용수철에 견딜 수 없을 만큼 힘을 주면 탄성력을 잃는다.

그것은 용수철에 가한 힘이 용수철의 탄성한계를 넘어섰기 때문입니다.

탄성한계란 탄성을 가진 물체에 힘을 가한 후 원래의 모양으로 돌아갈 수 있는 최대의 힘을 말합니다. 이 탄성한계를 넘어 버리면 가하던 힘을 없애도 제 모습으로 돌아갈 수가 없습니다. 망가진 용수철은 모든 힘을 잃어서 아무런 역할도 할 수 없게 됩니다.

탄성한계

외부 힘이 가해져 변형된 물체가 그 힘을 없애면 본래의 형태로 되돌아가려는 힘의 범위가 탄성한계입니다. 그런데 외부 힘을 받아 생긴 변형이 이 탄성한계를 넘어서면 외부 힘을 없애도 완전히 본래 상태로 되돌아가지 않고 변형된 상태로 남게 됩니다.

용수철을 사용한 저울들

앉은뱅이저울은 저울 위에 물건을 올려놓으면 용수철이 늘어나면서 저울의 바늘을 당깁니다. 바늘이 돌아가서 숫자를 가리키면, 물체의 무게를 알 수 있지요. 물체를 내려놓으면 용수철은 제자리로 돌아가고, 저울의 눈금은 0을 가리키게 됩니다.

용수철저울은 끝에 있는 고리에 물체를 매달고 용수철이 늘어난 대로 눈금을 보면 그 물체의 무게를 알 수 있습니다. 이 용수철저울로 물체를 끄는 데 힘이 얼마나 드는지도 측정할 수 있습니다. 저울 끝에 매단 물체를 잡아끌면서 늘어난 정도를 재는 것입니다.

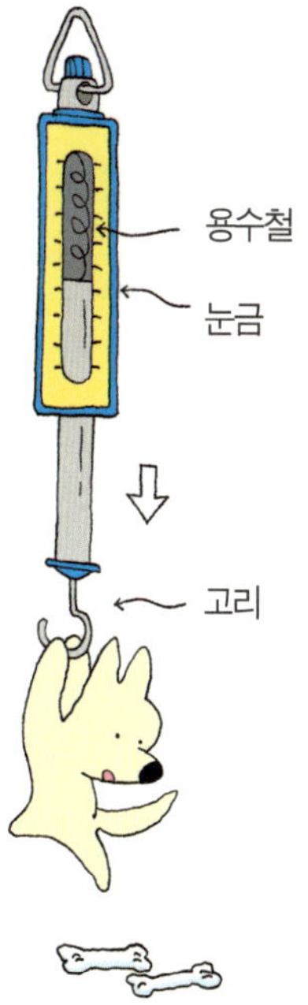
용수철
눈금
고리
용수철저울의 구조.

용수철저울 만들기

탄성이 있는 용수철을 우리가 직접 만들 수도 있다는 사실을 알고 있나요? 용수철뿐만 아니라 나만의 용수철저울도 만들 수 있어요. 그 방법은 생각보다 쉽답니다. 다음 방법에 따라서 용수철저울을 만들어 보세요.

첫째, 먼저 용수철을 만듭니다. 긴 철사 1m를 구한 다음 철사를 감을 수 있는 적당한 도구를 찾아봅니다. 너무 듬성듬성하게 감으면 용수철의 힘이 약하고, 너무 촘촘히 감으면 지나치게 힘이 강해집니다. 여러 가지 도구에 감아 용수철을 만들어 보고, 가장 적당한 것을 선택합니다.

둘째, 용수철을 고정합니다. 우드락 판을 적당히 잘라 용수철저울 판으로 만들고, 그 판에 용수철을 고정합니다. 용수철의 한쪽 끝에 물체를 올려놓을 수 있는 접시를 꽂습니다. 접시로는 종이컵, 플라스틱 접시가 좋습니다.

셋째, 용수철을 더 확실히 고정하는 과정입니다. 우드락 판에 고정한 용수철이 휘청거리지 않도록 용수철 주변을 투명한 OHP 필름으로 둘러 통을 만듭니다. 통을 너무 꽉 조이면 용수철이 움직일 수 없으므로 약간의 여유를 둡니다. 물체를 올려놓는 접시가 통 안으로 들어갔다 나왔다 할 수 있는 공간이 되어야 합니다.

넷째, 눈금을 그립니다. 플라스틱 접시에 아무것도 올려놓지 않은 상태에서 용수철 끝 부분이 가리키는 지점에 '0'이라고 표시합니다. 그리고 추를 한 개, 두 개, 세 개 차례로 매달면서 용수철 끝이 가리키는 곳에 1, 2, 3이라고 표시합니다. 숫자와 수평이 되는 다른 쪽에는 50, 100, 150 등의 추의 무게를 씁니다.

다섯째, 완성된 용수철저울을 사용합니다. 무게를 재고 싶은 물건을 접시에 올려 내가 만든 용수철저울로 무게를 측정해 봅니다.

TIP 요건 몰랐지?

앉은뱅이저울 사용 방법

앉은뱅이저울을 사용해서 어떤 물건의 무게를 측정해 본 적이 있나요? 우리가 간단하게만 생각하는 앉은뱅이저울도 엄연히 사용 방법이 있습니다. 무작정 물건을 올려놓는 것이 아니에요. 정확한 무게를 측정하기 위해서 다음의 사용 방법을 자세히 읽어 보세요. 더욱 정확하게 무게를 측정할 수 있게 될 것입니다.

NOT LEGAL FOR USE IN TRADE

와,
호박 하나가
7kg이 넘네.

❶ 저울을 평평한 곳에 올려놓는다.
❷ 저울의 눈금이 0에 와 있는지 확인하고, 0이 아니면 조절 나사를 이용해 0에 가도록 조절한다.
❸ 무게를 측정할 물체를 올려놓는다.
❹ 바늘이 멈출 때까지 기다린다.
❺ 바늘이 멈춘 곳의 눈금을 읽는다.

앉은뱅이저울도 용수철의 탄성을 이용한 도구이다.

Q&A 꼭 알고 넘어가자!

문제 1 잡아당기면 쉽게 늘어났다가 손을 놓으면 금세 줄어드는 고무줄과 용수철은 우리 생활에서 어디에 쓰일까요?

문제 2 스펀지가 물을 흡수할 수 있는 이유는 무엇인가요?

3. 울퉁불퉁한 길을 갈 때 받는 충격을 고무바퀴의 탄성력이 흡수해서, 그 충격이 차 안에 탄 사람 몸에 최대한 덜 전달되게 하기 위해서입니다.

4. 앉은뱅이저울에 사물을 올려놓으면 용수철이 늘어나면서 저울의 바늘을 잡아당깁니다. 바늘이 돌아가서 숫자를 가리키면 물체의 무게를 알 수 있습니다. 이때 주의해야 할 사항이 있습니다. 저울을 반드시 평평한 바닥에 놓아야 하고, 바늘 끝이 0을 가리키도록 조절한 다음에 물체를 올려놓아야 합니다.

문제 3 자동차 고무바퀴에는 탄성력이 있어요. 자동차 바퀴에 탄성력을 주어야 하는 이유는 무엇인가요?

문제 4 앉은뱅이저울은 용수철의 특성을 이용해서 만듭니다. 용수철은 앉은뱅이저울 속에서 어떤 역할을 할까요?

정답

1. 고무줄은 우리가 입는 고무줄 바지, 미술 시간에 팔에 끼는 토시, 머리를 묶는 끈 등에 사용됩니다. 용수철은 자동차 바퀴 위에 달아 바퀴가 받는 충격을 흡수하여 차 안에 탄 사람이 받을 충격을 덜어 줍니다. 그 밖에도 스테이플러의 심 넣는 부위에 넣어 심이 앞으로 나아갈 수 있도록 해 주고, 트램펄린에도 사용하여 우리가 재미있게 뛰어오를 수 있게 합니다.

2. 스펀지 사이사이에는 작은 구멍이 수없이 많습니다. 이 구멍 사이사이로 물이 스며들기 때문에 물을 흡수할 수 있습니다.

관련 교과

초등 5학년 2학기 8. 에너지

초등 6학년 2학기 1. 물속에서의 무게와 압력

중학교 1학년 7. 힘과 운동

중학교 3학년 2. 일과 에너지

2. 마찰력

운동장 한가운데에서 혼자 힘으로 들기 어려운 무거운 짐을 옮겨야 하는 상황이 온다면 어떻게 할까요? 아무도 도와주는 사람이 없다면 말이에요. 그럴 땐 온몸의 힘을 이용해 그 짐을 밀어 보려고 할 거예요. 하지만 이 방법 역시 잘 안 통할 때가 있어요. 운동장 바닥에서 물건이 잘 밀리지 않는 이유는 무엇일까요?

마찰력이란 무엇인가요?

마찰과 바닥과의 관계

우리가 밟고 다니는 바닥의 표면은 한 가지 느낌만 나는 것이 아닙니다. 울퉁불퉁한 모래 운동장 위, 놀이터의 우레탄 바닥 위, 학교 건물의 매끈매끈한 복도, 미끌미끌한 우리 집 방바닥 등 모두 만졌을 때의 느낌이 다릅니다.

이렇게 다양한 종류의 바닥에 짐을 놓고 밀어 보세요. 짐은 어느 바닥에서 가장 잘 밀릴까요?

눈이 쌓인 곳은 표면이 부드러워 썰매를 타고 빠르게 미끄러져 내려올 수 있다. © Junho.Jung@flickr.com

매끌매끌한 바닥에서는 조금만 힘을 주어도 짐이 잘 밀리지만, 울퉁불퉁한 바닥에서는 그렇지 않습니다.

썰매나 스키 탈 때를 생각해 보면 좀 더 쉽게 이해할 수 있어요. 언덕이 있습니다. 눈이 쌓인 언덕에서 신 나게 눈썰매를 타고 휭 내려왔던 경험이 있지요? 만약 그 언덕에 눈이 없었다고 생각해 보세요. 눈이 있었을 때만큼 거침없이 내려올 수 있을까요?

직접 타 봐야 알지!

잘 밀리는 것과 잘 밀리지 않는 것은 바닥의 표면과 어떤 관계가 있을까요?

마찰력의 정체

마찰력이란 물체의 움직임을 방해하는 힘입니다. 마찰력은 항상 물체가 움직이는 방향과 반대 방향으로 작용합니다. 그래서 마찰력이 물체가 움직이려는 힘보다 크면 물체는 움직일 수 없습니다. 마찰력보다 큰 힘을 주어야 물체를 원하는 방향으로 옮길 수 있습니다.

울퉁불퉁한 바닥은 마찰력이 큽니다. 물체가 이동하는 것을 방해하는 힘이 크지요. 하지만 매끄러운 바닥은 마찰력이 작습니다. 바닥이 매끄러울수록 방해하는 힘이 작아져서 물체를 옮길 때 힘이 덜 듭니다. 따라서 매끄러운 곳에서 물체를 옮기는 편이 훨씬 쉽습니다.

왜 이렇게 밀리지 않지?
나는 매끈한 바닥의 마찰력이야.
나는 울퉁불퉁한 바닥의 마찰력이지.
마찰력님, 마찰력님, 나와 주세요.

마찰력의 종류

최대정지마찰력

물체는 힘을 받으면 운동을 합니다. 하지만 힘을 주었는데도 운동하지 않고 가만히 있는 경우도 있습니다. 그 이유는 물체가 최대정지마찰력보다 큰 힘을 받지 못했기 때문입니다. 물체가 힘을 받고도 움직이지 않고 버틸 수 있는 최대의 힘을 가질 때의 마찰력을 최대정지마찰력이라고 합니다. 물체는 힘을 주어도 바로 움직이지 않고 가만히 있다가 어느 정도 힘을 더 주었을 때부터 운동하기 시작합니다.

최대정지마찰력

정지해 있던 물체에 힘을 점점 늘리면서 밀어 주면 어느 순간 물체가 움직이기 시작합니다. 이렇게 정지해 있던 물체가 막 움직이기 시작하는 순간의 마찰력을 최대정지마찰력이라고 합니다. 이 말은 곧 정지해 있는 물체가 움직이기 위해 필요한 최소한의 힘이라는 뜻입니다.

짐이 가득 실린 수레를 정지되어 있는 상태에서 움직이게 하는 데에는 큰 힘이 필요합니다. 하지만 일단 움직이고 나면 쉽게 끌 수 있지요. 이것은 운동마찰력이 최대정지마찰력보다 항상 작기 때문입니다.

정지마찰력

힘을 주어도 정지해 있는 물체는 눈으로 보기에 아무 힘도 받고 있지 않는 듯하지요? 하지만 물체에는 움직이지 않으려는 마찰력이 내가 힘을 준

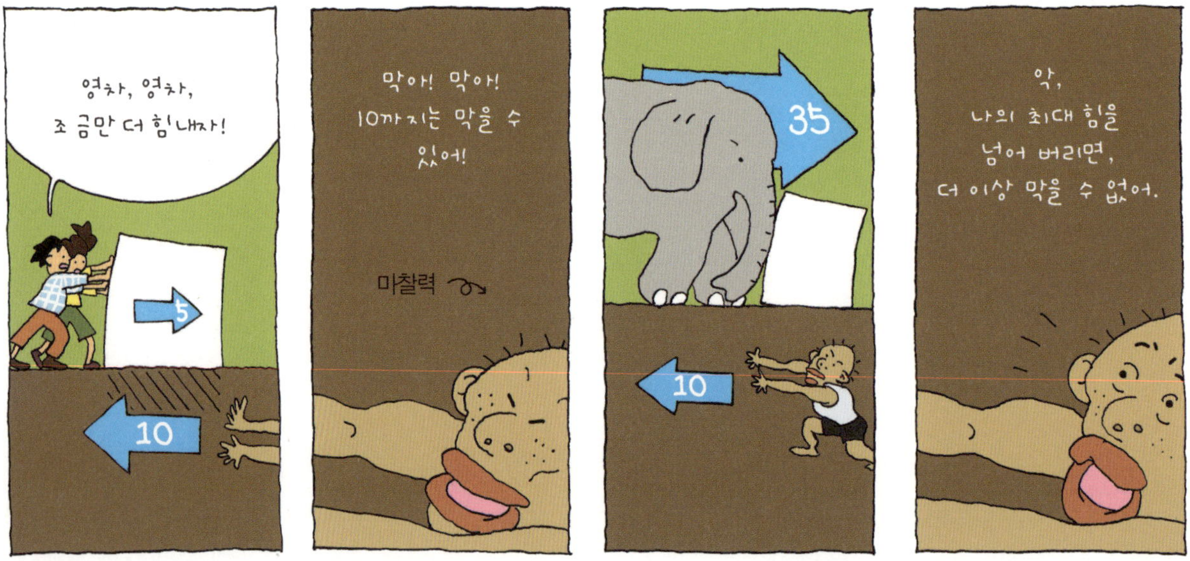
영차, 영차,
조금만 더 힘내자!
5
10
막아! 막아!
10까지는 막을 수
있어!
마찰력
35
10
악,
나의 최대 힘을
넘어 버리면,
더 이상 막을 수 없어.

반대 방향으로 작용하기 때문에 운동할 수가 없습니다.

물체가 운동하지 않고 정지해 있을 때 작용하는 마찰력을 정지마찰력이라고 합니다.

만약 책상 위에 놓인 책을 밀고 있는데 책이 움직이지 않는다면 크기가 같고 반대 방향인 마찰력이 책상에서부터 책으로 작용하고 있기 때문입니다. 정지해 있는 물체에 힘을 가해 밀었는데도 움직이지 않았다면 그 물체에 작용하는 힘의 합이 0인 셈이지요. 물체에 외부 힘과 같은 크기의 마찰력이 반대로 작용하여 두 힘이 평형을 이룬 상태라는 뜻입니다. 정지마찰력은 항상 외부의 힘과 크기가 같습니다.

운동마찰력

물체가 운동하고 있을 때에도 마찰력이 있습니다. 물체가 힘을 준 방향으로 잘 운동하기 때문에 마찰력이 없다고 생각할 수도 있지만 마찰력은 운동하는 물체에도 운동 방향과 반대 방향으로 항상 작용하고 있습니다. 이와 같이 운동하는 물체에 작용하는 마찰력을 운동마찰력이라고 합니다. 운동마찰력은 물체가 운동하고 있는 반대 방향으로, 물체가 운동할 때 필요한 힘만큼 작용합니다.

자, 너도 쭉 미끄러져 봐.

이 운동마찰력은 물체가 표면 위를 미끄러질 때 작용하는 마찰의 종류라는 뜻에서 미끄럼마찰력이라고도 합니다. 운동마찰력을 잘 이해할 수 있는 예가 바로 바퀴입니다. 물체가 굴러갈 때 생기는 마찰력은 물체가 미끄러질 때 생기는 마찰력보다 훨씬 작습니다. 이런 이유로 썰매보다는 바퀴가 교통수단에 많이 쓰입니다.

배고파!
좀 쉬었다 놀아요.
우리 차, 굴러가지 않고 잘 있겠지?
마찰력 아저씨가 있잖아.
내가 늘 애쓴다는 걸 알아주니 고맙구나.

마찰력의 크기

마찰력도 크기가 있습니다. 이 마찰력은 물체의 무게와 바닥 표면의 상태와 큰 관련이 있습니다. 물체의 무게가 어느 정도이냐, 바닥이 얼마나 거치냐에 따라 마찰력의 크기가 달라집니다.

무거운 물체일수록 바닥을 누르는 힘이 커져서 마찰력도 커집니다. 또 물체가 닿는 부분의 재질이 거칠수록 마찰력이 커지지요.

하지만 물체와 바닥이 닿아 있는 면적은 마찰력과 관련이 없습니다. 바닥에 닿는 면적이 달라도 같은 무게를 가진 물체라면 마찰력도 같습니다. 다시 말하면 마찰력은 물체가 무거울수록, 물체와 바닥면 사이가 거칠수록 커집니다. 접촉하는 면적과는 아무런 관련이 없지요.

그러나 언제나 예외는 있게 마련입니다. 스케이트를 생각해 보세요. 스케이트 날은 매우 얇고 날카롭습니다. 어떻게 저 날 위에 사람이 서 있나 싶을 정도로 바닥에 닿는 면적이 아주 좁습니다. 스케이트 날이 이렇게 좁은 이유는 간단합니다. 바닥이 얼음이기 때문입니다. 접촉하는 면적이 좁을수록 압력이 증가하고, 높은 압력에서는 비교적 낮은 온도에서 얼음이 물로 바뀝니다. 얼음 위에서만 이동할 수 있는 스케이트는 날이 날카로울 수록 잘 미끄러질 수밖에 없습니다.

중요한 건
누르는 힘이지.
바닥에 닿는 면적이
다르다고 마찰력이
다르진 않아.
바닥 상태가
마찰력에 영향을 미치지.
물체의 무게가 늘어나면
마찰력도 더 강해진단다.

마찰하면 열이 나요

마찰열이란 무엇인가요?

손을 마구 비벼 보세요. 어떤 변화가 느껴지나요? 손이 계속 뜨거워지지요. 이것을 마찰열이라고 합니다. 이와 같이 물체와 물체가 마찰하게 되면 마찰열이 생깁니다. 마찰열이란 접촉하고 있는 두 물체가 마찰할 때 생기는 열을 말합니다. 마찰하면서 물체의 역학적 에너지의 일부가 열에너지로 바뀌어 생기는 현상이지요.

비슷한 예를 들어 볼까요?

방바닥을 손바닥으로 여러 차례 쓱쓱 문질러 보세요. 손바닥과 방바닥이

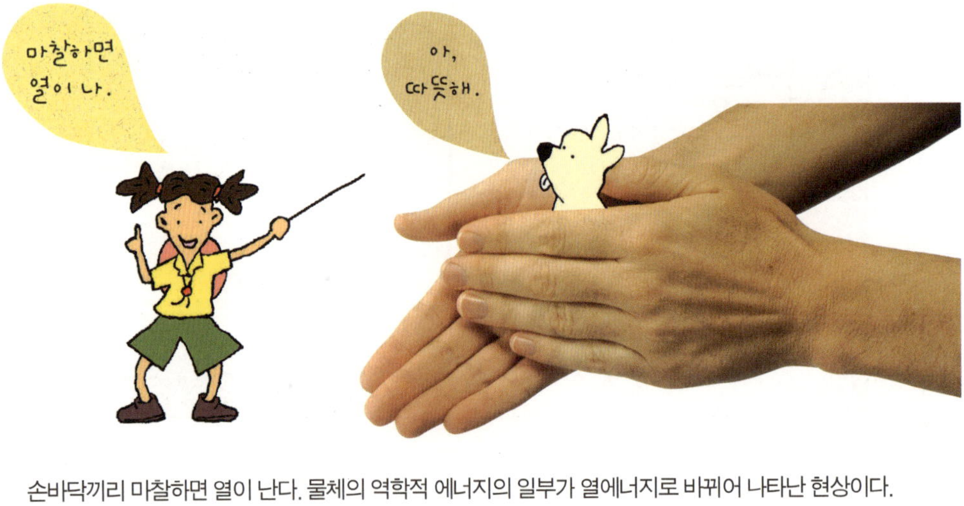

마찰하면 열이 나.
아, 따뜻해.

손바닥끼리 마찰하면 열이 난다. 물체의 역학적 에너지의 일부가 열에너지로 바뀌어 나타난 현상이다.

따뜻해지는 것을 느낄 수 있습니다. 그 이유가 무엇일까요? 사람에게 체온이 있기 때문일까요?

그렇다면 체온이 없는 물체끼리 마찰시키면 어떻게 될까요? 지우개를 쥐고 책상을 마구 문질러 보세요. 책상과 지우개가 함께 뜨거워지는 것을 느낄 수 있습니다. 이렇게 열이 나지 않는 물체끼리 마찰했을 때에도 마찰열이 생겨 온도가 높아집니다.

마찰로 온도가 높아지는 예로는 폭포수도 있습니다. 차갑기만 할 것 같은 폭포수가 어떻게 마찰하여 온도가 올라갈까요? 높은 곳에서 떨어지는 폭포수의 온도를 재어 보면, 떨어지기 전의 온도가 떨어진 후의 온도보다 낮습니다. 물이 떨어지면서 물방울끼리 마찰하게 되고, 그 결과 마찰열이 생기는 것입니다.

이와 같이 마찰열은 우리가 생각하지 못한 많은 곳에서 발생하고 있습니다.

역학적 에너지

물체의 위치에 따라 결정되는 위치에너지와 물체의 속력에 따라 결정되는 운동에너지의 합을 말합니다. 외부 힘이 없을 때에는 위치에너지와 운동에너지는 일정하게 유지되고, 위치에너지가 운동에너지로, 또는 그 반대로 바뀌기도 합니다. 만약 외부 힘이 있다면 역학적 에너지의 일부가 열에너지, 빛에너지 등으로 바뀝니다.

이로운 마찰열

라이터가 없던 시절에 사람들은 어떤 방법으로 불을 지폈을까요? 만화나 동화책에서 원시인이 불을 지피던 모습을 본 적이 있을 거예요. 나뭇가지를 돌멩이에 세우고 두 손바닥을 이용해 열심히 돌멩이에 나뭇가지를 비벼 대는 모습이 기억나나요?

나뭇가지와 돌멩이의 마찰력을 이용해 열이 나게

라이터도 마찰을 이용해 불을 붙인다.

하여 그 열로 나뭇가지에 불을 붙이는 방법이지요. 옛 사람들은 라이터나 성냥처럼 불 지피는 도구가 없던 시절에도 물체끼리 마찰하면 열이 난다는 사실을 알고 있었던 것입니다.

우리가 편리하게 쓰는 라이터도 마찰열을 이용해 불꽃을 만들어 냅니다. 라이터 손잡이 부분의 부싯돌과 라이터를 켤 때 돌리는 부분이 마찰을 일으켜 불씨를 만들어 내는 것이지요.

부싯돌

옥수와 석영이 주성분인 암석으로서 매우 단단합니다. 회색, 갈색, 검은색을 띠고 있으며 반투명 또는 불투명합니다. 강철로 된 부시(부싯돌을 쳐서 불이 일어나게 하는 쇳조각)로 치면 불이 잘 일어나 불을 일으키는 데 사용합니다.

라이터가 발명되기 전에 불붙이는 데 큰 역할을 했던 성냥도 라이터와 마찬가지로 마찰열을 이용해 불을 붙입니다. 성냥갑 옆면에 발라 있는 유

나무
마른풀
돌
이렇게 해서 잘 비비면….
와! 불이 붙는다. 아빠 힘내요!
마찰력을 경배하라! 우가 우가!

리모래에 성냥을 긋는 방식으로 마찰을 일으켜 불을 붙이는 것입니다.

위험한 마찰열

마찰열이 있어서 라이터와 성냥처럼 유용한 도구를 발명하게 되었지만,

마찰열이 꼭 우리에게 이롭지만은 않습니다. 편리하고 빠르게 우리를 이곳 저곳으로 이동할 수 있게 해 주는 자동차를 생각해 보세요. 자동차는 석유나 가스를 연료로 해서 엔진이 빠르게 돌아가는 힘으로 바퀴를 돌리지요. 바퀴가 돌아가는 덕분에 자동차도 이동할 수 있습니다.

그런데 엔진이 돌아가면서 주변 공기와 마찰하고, 기계 이음새 사이의 마찰 때문에 엄청난 열이 발생해요. 만약 이 열을 식혀 주지 않으면 너무 뜨거워져서 자동차가 폭발해 버릴 수도 있습니다. 그래서 자동차마다 엔진이 뜨거워지면 그 열을 식혀 주는 냉각수라는 장치가 달려 있습니다.

또한 운동장에서 운동하다 넘어졌을 때를 생각해 보세요. 모래가 깔린 운동장에서 신 나게 뛰며 운동하다가 넘어지면 무릎의 살갗이 벗겨지는 부상을 당할 수 있지요. 넘어지는 순간 무릎과 운동장 바닥이 마찰하면서 생기는 열 때문에 상처가 생기기도 해요.

마찰열은 쓸모 있게 잘 쓰면 이롭지만, 방심하면 위험한 결과를 낳을 수도 있다는 사실을 명심하기 바랍니다.

마찰력의 크기를 이용해요

마찰력은 클수록 좋아요

마찰력을 활용한 예는 수도 없이 많습니다. 특히 마찰력이 클수록 좋은 도구들이 많습니다. 자동차 안에 있는 여러 도구 중 동전, 휴대전화 등 여러 가지 물건을 올려놓을 수 있는 매트가 있지요. 이 매트는 마찰력이 커야 자동차 운전석 앞에 붙여도 떨어지지 않습니다. 만약 매트의 마찰력이 약하다면 그 위에 올려놓은 동전이나 휴대전화는 자동차가 움직일 때마다 매트 위에 온전히 있지 못하고 계속 떨어질 것입니다.

그네의 줄은 울퉁불퉁한 쇠사슬이나 거친 밧줄로 만들어 손과의 마찰력을 높여 주어야 한다.

또한 배드민턴이나 테니스 등의 라켓 손잡이 부분에도 큰 마찰력을 이용합니다. 라켓 손잡이 부분을 잘 관찰하면 오돌토돌한 무늬가 있거나 마찰력이 큰 재질로 덮여 있습니다. 라켓이 손에서 미끄러지지 않게 하기 위해서입니다. 만약 라켓 손잡이 부분이 매끄러운 재질로 만들어져 있다면 날아오는 공을 받아 치기도 전에 라켓이 손에서 빠져나가는 일이 생길 수 있습니다.

라켓 손잡이가
거칠어야 손에서
안 미끄러져.

큰 마찰력을 이용한 기구에는 그네도 있습니다. 그네를 탈 때는 앉는 자리 양쪽에 있는 줄을 잡지요. 그 줄이 어떤 재질인지 기억하고 있나요? 철로 만든 울퉁불퉁한 사슬이거나 거친 재질의 밧줄로 되어 있습니다. 손과 줄 사이의 마찰력을 높이기 위해서입니다. 만약 그네 줄이 매끈매끈한 소재로 만들어진다면 손이 미끄러져서 그네에 제대로 앉아 있기 힘들 것입니다.

물체의 운동을 방해하는 마찰력을 잘 이용하면 이렇게 우리에게 도움이 되는 많은 도구들을 만들 수 있습니다.

마찰력이 작을수록 좋아요

마찰력이 작아야 좋은 경우도 있습니다. 만약 조금만 힘을 주어도 매끄럽게 열리는 문이 마찰력이 크다면 어떨까요? 문을 열고 닫을 때마다 삑

빽해서 많은 힘을 들여야 하는 어려움이 생길 것입니다.

또 재미있는 인라인스케이트를 타는데 바닥과 인라인스케이트 바퀴와의 마찰력이 크다면 어떨까요? 마찰력이 작다면 조금만 다리에 힘을 주어도 쭉쭉 신나게 달려 나갈 수 있지만 마찰력이 크다면 다리에 힘을 많이 주어야 해요. 그렇게 되면 속도를 내어 달리는 것이 재미인 인라인스케이트가 재미없는 운동이 되겠지요. 또한 인라인스케이트 바닥에 바퀴를 단 이유는 구를 때 생기는 마찰력이 밀 때 생

바닥과의 마찰력이 작아야 인라인스케이트를 재미있게 탈 수 있다.

마찰력이
작으니
잘 미끄러진다!

기는 마찰력보다 작기 때문입니다. 자동차, 자전거 등 많은 교통수단에 바퀴를 이용하는 이유가 바로 이 때문입니다.

놀이터의 미끄럼틀 판 또한 마찰력이 작을수록 좋습니다. 미끄럼틀 판은 마찰력이 아주 작은 물질로 만들어집니다. 마찰력이 작아야 막힘없이 잘 미끄러져 내려올 수 있기 때문이지요. 마찰력이 큰 미끄럼틀을 상상해 보세요. 엉덩이를 미끄럼틀에 대는 순간 거침없이 미끄러져 내려와야 하는데, 마찰력이 크다면 다리로 몸을 끌어내리면서 내려와야 해요. 만약 그렇게 되면 미끄럼틀은 전혀 재미없는 놀이 기구가 되어 버릴 거예요.

마찰력을 줄여주는 모양

자동차의 모양은 앞이 매끄러운 유선형입니다. 비행기도 마찬가지지요. 이런 기계들은 모두 돌고래의 모양을 본떠 만든 것입니다. 돌고래의 몸은 헤엄칠 때 물과의 마찰을 최대한 줄일 수 있는 모습을 하고 있습니다. 자동차와 비행기도 공기와의 마찰이 적어야 빨리 달리거나 날 수 있습니다. 사람은 지혜롭게도 자동차와 비행기를 돌고래의 모습을 본떠 만들어 공기와의 마찰을 최대한 줄이고 좀 더 속력을 낼 수 있도록 했습니다.

ORE AIRLINES

돌고래와 비행기의 모습이 비슷하다.
ⓒ Toony@the Wikimedia Commons

유선형

물이나 공기의 저항을 최대한 줄이기 위해 앞부분을 곡선으로 만들고, 뒤쪽으로 갈수록 뾰족하게 만든 형태입니다. 물고기의 몸체나 비행기의 날개와 몸체는 유선형이기 때문에 기체, 액체 등이 흐르는 상황에서도 그것에 대한 저항을 표면을 따라 흘려 보냅니다. 자연히 저항하는 힘이 작아지겠지요. 유선형은 자동차, 비행기, 배 따위의 모양에 이용합니다.

만약 공기와의 마찰이 큰 모양으로 자동차와 비행기를 만든다면 마찰열이 생길 것입니다. 그렇게 되면 자동차와 비행기의 에너지가 속력을 내는 교통수단이 아닌 전혀 다른 수단으로 쓰이게 될 것입니다.

이와 같이 마찰력의 원리를 잘 이해하여 그 크기를 조절하면 자동차, 자전거 같은 편리한 교통수단은 물론 인라인스케이트, 미끄럼틀, 그네 같은 재미있는 놀이 기구를 만들 수 있답니다. 지금 여러분 주위에서 마찰력의 원리를 이용하여 만든 도구들을 찾아보세요.

여기는 공기와 부딪쳐서 마찰력이 생긴다고!
여기는 공기가 없으니 마찰력이 없지.
새는 마찰력을 못 느끼나요?

TIP 요건 몰랐지?

마찰력이 두 배가 된다면?

이 세상 모든 마찰력이 두 배가 된다면 어떤 일이 벌어질까요? 가령 얼음 위 마찰력이 지금보다 두 배가 된다면 재미있는 썰매는 물론 스케이트도 타기 힘들어질 거예요. 피겨 스케이팅 선수의 매끄럽고 아름다운 연기를 볼 수 없는 것도 당연합니다.

이와 반대로 이 세상에 마찰력이 아예 사라진다면 어떻게 될까요? 모든 물체들이 조금만 힘을 주어 건드려도 가만히 서 있지 못하고 힘을 준 방향으로 계속 움직일 거예요. 사람도 조금만 방향을 틀면 제대로 서 있지 못하고 계속 미끄러질 것입니다. 마찰력이 사라지면 정상적인 생활 자체가 힘들어지겠지요.

마찰력이 두 배야!
최악의 기록이군!

만약 얼음판의 마찰력이 두 배가 된다면 스케이트를 재미있게 탈 수 없을 것이다.

Q&A 꼭 알고 넘어가자!

문제 1 눈이 많이 쌓인 언덕에서는 썰매가 쉽게 내려오지만 눈이 녹아 버린 언덕에서는 썰매를 탈 수 없어요. 그 이유는 무엇인가요?

문제 2 마찰력을 커지게 하는 요인에는 무엇이 있나요?

3. 두 손을 계속해서 비비면 손이 뜨거워집니다. 방바닥을 손바닥으로 쓱쓱 문지르면 손바닥과 방바닥이 따뜻해집니다. 지우개로 책상을 마구 문지르면 지우개가 뜨거워집니다. 성냥갑의 유리모래에 성냥을 그으면 마찰열이 생기면서 불꽃이 일어납니다.

4. 배드민턴과 테니스 라켓의 손잡이 부분에 오돌토돌한 무늬를 새기거나 그 부분을 마찰력이 큰 소재로 씌웁니다. 라켓이 손에서 미끄러지지 않게 마찰력을 크게 한 것입니다. 또한 그네의 줄도 쇠사슬이나 밧줄처럼 마찰력이 큰 재질로 만듭니다. 줄에서 손이 미끄러지지 않아야 안전하게 그네를 탈 수 있습니다.

문제 3 마찰했을 때 생기는 에너지를 마찰열이라고 해요. 일상생활에서 마찰열은 언제 생기나요?

문제 4 마찰력을 크게 하여 만든 도구의 예를 들어 보세요.

정답

1. 마찰력 때문입니다. 울퉁불퉁한 바닥은 마찰력이 커서 물체가 이동하는 것을 방해하는 힘이 큽니다. 반면 매끄러운 바닥은 마찰력이 작아서 물체가 이동할 때 힘이 덜 듭니다. 따라서 눈이 쌓여 있을 때는 마찰력이 작아 썰매를 잘 탈 수 있지만 눈이 녹은 맨바닥에서는 마찰력 크기 때문에 썰매를 탈 수 없습니다.

2. 물체의 무게와 물체가 닿는 표면 상태가 마찰력에 영향을 미칩니다. 무거운 물체일수록 바닥을 누르는 힘이 커져서 마찰력이 커지고, 물체가 닿는 표면이 거칠수록 마찰력이 커집니다. 참고로, 물체가 닿는 바닥의 면적은 마찰력과 거의 모든 경우에 상관이 없습니다.

관련 교과

중학교 1학년 7. 힘과 운동

3. 관성력

길을 걷다가 돌부리에 걸려 넘어질 뻔했던 경험이 있나요? 버스를 타고 가다가 버스가 갑자기 서는 바람에 앞으로 휘청거렸던 경험이 있나요? 장난감 부메랑을 던져 다시 돌아오게 한 적이 있나요? 이것은 힘의 세계에서 가장 고집스러운 힘인 관성력 때문에 생기는 현상입니다. 관성력이 어떤 뜻인지, 관성력의 예에는 무엇이 있는지 알아봅시다.

관성력이란 무엇인가요?

관성력이란, 원래 있던 상태 그대로 있으려고 하는 힘을 말합니다. 물체가 처음에 정지해 있었다면 정지 상태를 유지하려고 하고, 운동하고 있었다면 운동 상태를 유지하려고 하기 때문에 고집스러운 힘이라는 별명을 얻었습니다.

관성력을 관찰할 수 있는 간단한 실험이 있습니다. 물컵 위에 종이 한 장을 올리고, 그 위에 동전 한 개를 놓아 보세요. 그리고 종이를 잡아 빠르게 빼내 보세요. 어떻게 되나요? 동전이 종이와 함께 이동하지 않고 컵 속으로 떨어지지요.

종이 위에 정지해 있던 동전은 계속 그 자리에 정지해 있고 싶어 하는 성질이 있습니다. 이것이 바로 물체의 관성입니다.

종이 위에 정지해 있던 동전은 종이를 빼내도 관성에 의해 컵 속으로 떨어진다.

얼른 일어나지 못해!
엄마, 잠에도 관성력이 있다고요.

정지해 있는 책상을 옆으로 밀 때, 날아오는 야구공을 잡아서 멈추게 할 때, 굴러오는 축구공의 방향을 바꿀 때 우리는 물체에 힘을 주어야 합니다. 아무런 힘도 가하지 않으면 물체는 계속 정지해 있거나 계속 직선으로 운동해 나갑니다. 힘을 주면 관성이 깨지고 속력이나 운동 방향이 바뀝니다.

그렇다면 우리 생활에서 관성력을 발견할 수 있는 예에는 무엇이 있는지 찾아봅시다.

엘리베이터에서의 관성

엘리베이터를 타고 내려올 때 갑자기 몸이 붕 뜨는 듯한 느낌이 들었던 적이 있지요? 이유가 무엇일까요? 엘리베이터가 내려가기 시작할 때 내 몸은 그대로 있으려고 하고, 엘리베이터는 밑으로 내려가기 때문에 생기는 현상입니다.

반대로 엘리베이터가 위로 올라갈 때에는 어떤 느낌이 드나요? 내 몸은 밑에 있고 싶어 하지만 엘리베이터는 위로 올라가기 때문에 몸이 밑으로 가라앉는 듯한 느낌이 듭니다.

내 몸이 뜨는 것 같아.
정신 차려.

엘리베이터를 타고 올라갈 때는 몸이 아래로 가라앉는 느낌이 들고, 내려갈 때는 몸이 위로 붕 뜨는 느낌이 든다.

버스에서의 관성

버스에서도 관성을 느낄 수 있습니다. 버스를 탔을 때, 버스가 갑자기 출발하면 몸이 뒤로 젖혀지곤 하지요. 내 몸은 정지 상태를 유지하려고 하는데 버스가 앞으로 나아가면서 몸이 뒤로 젖혀지는 것입니다.

반대로 버스가 갑자기 멈추면 어떤가요? 내 몸은 앞으로 가던 대로 있고 싶어 하지만, 버스가 서게 되므로 버스 앞쪽으로 몸이 쏠립니다. 버스 안에서 보면 마치 앞이나 뒤로 잡아당기는 힘이 있는 것처럼 승객들의 몸이 젖혀지거나 쏠립니다.

출발
정지
버스가 출발할 때 우리 몸은 정지 상태를 유지하려는 힘 때문에 몸이 뒤로 젖혀진다.

길을 걸을 때의 관성

엘리베이터나 버스처럼 어떤 기구를 타지 않고 평범하게 길을 걸을 때에도 관성을 느낄 때가 있습니다. 길을 가다 돌부리에 발이 걸려 넘어진 적이 있나요? 돌부리에 발이 걸리는 순간 내 몸은 계속 앞으로 걸어가던 속도를 유지하고 싶어 합니다. 하지만 돌부리가 걸음을 멈추게 했기 때문에 상체

어머!
그게 다 관성력 때문이야.
돌부리만 탓할 수는 없어.
으앙,
돌부리에 걸려
넘어졌어.
발이 돌부리에 걸리면 관성 때문에 몸이 앞으로 고꾸라진다.

만 움직이던 속도대로 움직이면서 결국 넘어지고 마는 것입니다. 우리는 단순하게 돌부리에 걸려 넘어졌다고 생각하지만 이런 관성의 원리가 작용한 것입니다.

부메랑의 관성

부메랑을 가지고 놀아 본 적이 있나요? 이 부메랑도 관성력을 이용한 놀이 기구입니다. 원래 부메랑은 오스트레일리아 서부와 중앙부의 원주민이 사용하던 무기 중의 하나입니다. 활등처럼 굽은 나무 막대기인데, 목표물을 향하여 던지면 회전하면서 날아가고, 목표물에 맞지 않으면 원을 그리며 되돌아옵니다. 부메랑이 회전할 수 있는 데에는 그 모양도 이유가 되지만, 물체가 회전하는 힘을 받으면 계속 회전하려는 관성 때문이기도 합니다.

부메랑을 던지면 원을 그리며 제자리로 돌아온다.
ⓒ Guillaume Blanchard(Aoineko@the Wikimedia Commons)

관성력 때문에 어지러워요

우리 몸의 귓속에는 몸이 회전하는 것을 감지하는 기관이 있습니다. 바로 반고리관입니다. 이 반고리관 속에는 액체가 들어 있어서, 몸이 회전할 때 액체도 같이 회전합니다.

몸은 회전하는 것을 멈추지만, 반고리관 속의 액체는 관성 때문에 계속 돌게 되어 우리는 어지럽다고 느끼는 것입니다. 우리가 뱅글뱅글 도는 놀이 기구를 탈 때 어지럽다고 느끼는 것은 바로 이 반고리관 속 액체의 관성력 때문입니다.

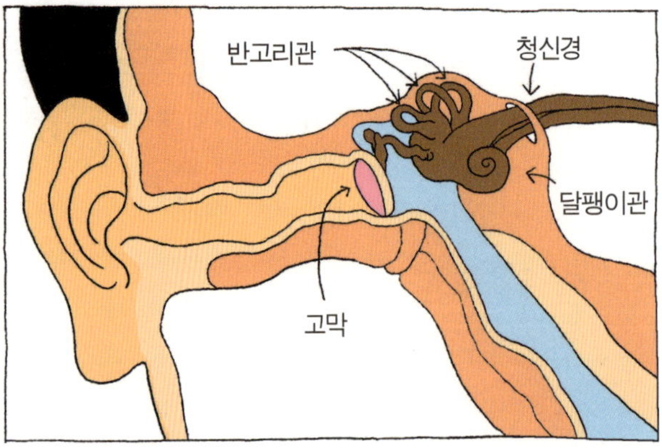
반고리관
청신경
달팽이관
고막

귓밥이 가득하군!

반고리관 속 액체의 관성력 때문에 몸이 회전할 때 어지러움을 느낀다.

관성력을 이용해요

관성력을 이용하면 생활이 편리해집니다. 우리는 이미 일상생활에서 이 관성력을 많이 활용하고 있습니다.

옷에 먼지가 붙었을 때에는 어떻게 하나요?

먼지 털어 줄게!
퍽 퍽 퍽
관성력을 이용해 옷의 먼지를 털어 낸다.

옷을 툭툭 두드려 먼지를 털어 내지요. 먼지를 털어 내는 일도 관성력을 이용한 예입니다. 옷에 힘을 주어 두드리면 옷은 쑥 들어가고, 함께 있던 먼지는 관성에 의해 공중에 뜨게 되지요. 그 순간 옷과 먼지가 분리되는 것입니다.

관성력을 이용해 날달걀과 삶은 달걀을 구분해 낼 수도 있습니다. 달걀을 바닥에 놓고 손으로 팽이처럼 돌려 보세요. 달걀이 뱅글뱅글 잘 돌아가면 삶은 달걀이고, 잘 돌아가지 않으면 날달걀입니다. 무슨 이유 때문일까요?

날달걀은 단단한 껍질 속에 흰자와 노른자가 분리되어 있습니다. 하지만 삶은 달걀은 달걀이 익으면서 내용물과 껍질이 마치 한 덩어리처럼 되어 있습니다. 이런 이유로 날달걀을 돌리면 속이 단단하게 고정되어 있지 않아 껍질은 돌아가려고 하고, 달걀 속 물질은 관성 때문에 가만히 있으려고 합니다. 자연히 잘 돌아갈 수가 없겠지요. 반면에 삶은 달걀은 그 속이 단단히 고정되어 있어서 껍질과 함께 잘 회전합니다. 자, 여러분도 날달걀과 삶은 달걀을 섞어 놓고 회전시켜 구분해 보세요.

삶은 달걀
날달걀

달걀을 뱅글뱅글 돌렸을 때 잘 돌아가면 삶은 달걀, 잘 안 돌아가면 날달걀이다.

TIP
요건 몰랐지?

뱅글뱅글 잘 돌아가는 팽이

팽이는 예전에 장난감이 많지 않았던 시절 어린아이들이 가지고 놀던 놀이기구입니다. 요즘은 플라스틱으로도 예쁘게 만들지만 옛날에는 둥글고 짧은 나무의 한쪽 끝을 뾰족하게 깎아서 쇠구슬 따위의 심을 박아 만들었습니다. 팽이는 채로 치거나 줄을 몸통에 감았다가 잡아당겨 돌리지요.

팽이에 줄을 돌돌 감은 후 풀어 주며 바닥에 내치면, 뾰족한 심을 세우고 뱅글뱅글 돌기 시작합니다. 줄을 풀 때 받은 힘으로 회전력을 받은 것이지요.

혼자서도
잘 도네?
팽이는 처음에 받은 힘으로 관성력을 유지하며 뱅글뱅글 돌 수 있다.

팽이가 회전하는 힘이 바닥과의 마찰력 때문에 점점 줄어들 때쯤, 가지고 있던 팽이채로 쳐 주면, 다시 회전하는 힘을 받아 뱅글뱅글 돌아갑니다.

만약 마찰력이 전혀 없는 바닥에서 팽이치기 놀이를 한다면, 처음 줄을 풀 때 받았던 힘으로 팽이는 관성력을 유지하며 계속 뱅글뱅글 돌 것입니다.

Q&A 꼭 알고 넘어가자!

문제 1 엘리베이터를 타고 내려갈 때 몸이 붕 뜨는 듯한 느낌이 드는 이유는 무엇인가요?

문제 2 버스를 탔을 때 느끼는 관성력에 대해 설명해 보세요.

3. 옷을 두드리면 옷은 쑥 들어가고 함께 있던 먼지는 관성에 의해 순간적으로 공중에 뜹니다. 옷과 먼지가 분리되는 것입니다.

4. 날달걀은 단단한 껍질과 내용물이 분리되어 있습니다. 하지만 삶은 달걀은 달걀이 익으면서 내용물이 단단하게 굳어져 마치 껍질과 한 덩어리처럼 됩니다. 이런 이유로 날달걀을 돌리면 속이 단단하게 고정되어 있지 않아 껍질은 돌아가려고 하고, 달걀 속 물질은 관성 때문에 가만히 있으려고 합니다. 반면에 삶은 달걀은 그 속이 단단히 고정되어 있어서 껍질과 함께 잘 회전합니다. 그래서 돌렸을 때 잘 돌아가면 삶은 달걀, 잘 돌아가지 않으면 날달걀입니다.

문제 3 옷에 붙은 먼지를 털어 낼 때 관성력을 이용해요. 그 원리를 설명해 보세요.

문제 4 삶은 달걀과 날달걀을 구분할 때도 관성력을 이용해요. 그 원리는 무엇인가요?

정답

1. 엘리베이터가 내려가기 시작할 때 내 몸은 그대로 있으려고 하고, 엘리베이터는 밑으로 내려가기 때문에 생기는 현상입니다. 원래 있던 상태 그대로 있으려고 하는 힘을 관성력이라고 합니다. 관성력은 물체가 처음 정지해 있었다면 계속 정지해 있으려고 하고, 운동하고 있었다면 계속 운동하려는 성질을 뜻합니다.

2. 버스를 탔을 때, 버스가 갑자기 출발하면 몸이 뒤로 젖혀집니다. 내 몸은 정지 상태를 유지하려고 하는데 버스가 앞으로 출발하면서 몸이 뒤로 젖혀지는 것입니다. 반대로 버스가 달리다가 갑자기 서면 내 몸은 앞으로 가던 대로 유지하고 싶어 버스 앞쪽으로 쏠립니다.

관련 교과

초등 5학년 1학기 1. 지구와 달
초등 5학년 2학기 7. 태양의 가족
중학교 2학년 6. 태양계

4. 중력과 만유인력

앞으로, 앞으로, 앞으로, 앞으로! 계속 걸어간다면 어떤 일이 생길까요? 노랫말처럼 지구는 둥그니까 온 세상 어린이들을 다 만나고 올 수 있을까요? 여기에서 한 가지 궁금한 점이 있어요. 나와 지구 반대편에 사는 사람은 어떻게 서 있을까요? 혹시 거꾸로 매달려서 살지는 않을까요?

중력의 발견

중력이란 무엇인가요?

나와 지구 반대편에서 사는 사람이라 해도 거꾸로 매달려 있지는 않습니다. 지구 어느 곳을 가도 사람은 땅에 발을 딛고 살아갑니다. 지구는 중심 쪽으로 무게가 있는 모든 것을 끌어당기는 힘이 있기 때문입니다. 우리는 그 힘을 중력이라고 부릅니다. 중력이 있기 때문에 우리는 공중에 떠다니지 않고 걸어 다닐 수 있습니다.

지구에는 중력이 있기 때문에 나와 지구 반대편에 사는 사람도 땅에 발을 딛고 똑바로 서 있다.

중력을 발견한 뉴턴

모든 물건은 밑으로 떨어집니다. 옛날 사람들은 이 현상이 당연하다고만 생각했습니다. 왜 모든 물건이 밑으로 떨어지는지 궁금해하지 않았지요. 이때 무언가 물체를 끌어당기는 힘이 있다는 사실을 발견한 사람이 있습니다. 바로 그 이름도 유명한 아이작 뉴턴입니다.

어느 날 뉴턴은 사과나무에서 사과가 땅으로 툭 떨어지는 광경을 보았습니다. 보통 사람이었다면 떨어진 사과를 주워 먹기에 바빴을 테지만 뉴턴은 남달랐습니다. 사과는 늘 땅으로 떨어지지 하늘로 날아가지는 않는다는, 이 당연해 보이는 사실에서 사과를 잡아당기는 어떤 힘이 있다는 것을 생각해 냈습니다. 그렇게 우연히 발견된 힘이 바로 중력입니다.

중력은
모든 물체에
작용하는
힘이란다.
뉴턴
툭

아이작 뉴턴
Isaac Newton, 1642~1727

영국의 물리학자, 천문학자, 수학자입니다. 뉴턴의 아버지는 그가 태어나기도 전에 죽었고, 세 살 때는 어머니가 재혼하는 등 불행한 어린 시절을 겪었습니다.
그는 수학에서 미적분법을 만드는 큰 공헌을 했지만 최대 업적은 물리학에서 이룬 뉴턴역학입니다. 그는 특히 중력 문제에 큰 관심이 있었으며, 지구의 중력이 달의 궤도에까지 영향을 미친다고 생각했습니다. 케플러의 법칙을 바탕으로 중력과 달의 관계, 그리고 행성의 운동까지 연구하였습니다.

지구의 중력을 발견한 뉴턴.

중력의 크기

중력은 무엇에 영향을 받나요?

중력은 질량이 클수록 커집니다. 질량에 따라 중력의 크기가 달라진다는 뜻이지요. 그리고 중력은 장소에 따라서도 달라집니다. 물체를 끌어당기는 힘이 얼마인가에 따라 중력이 달라지는 것입니다.

우리가 체중계에 올라가서 몸무게를 재는 원리도, 지구가 얼마만큼 우리 몸을 끌어당기는지를 측정하는 것입니다. 끌어당기는 힘이 클수록 몸무게도 크게 늘어나겠지요. 중력이 없는 우주에서는 체중계에 올라가도 체중계를 누를 수 없기 때문에 몸무게를 잴 수 없습니다.

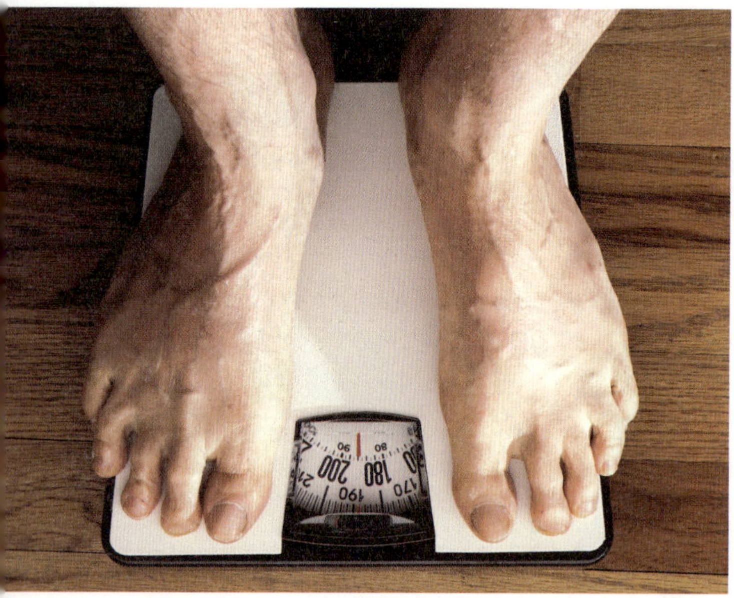

체중계는 중력이 우리 몸을 얼마나 끌어당기는지 측정하는 도구이다.

공을 하늘 위로 높이 던져 보세요. 잠시 후 공은 다시 땅으로 떨어집니다. 지구가 공을 끌어당기기 때문입니다.

높은 하늘 위에도 중력이

작용할까요? 지구의 중력은 땅에서 멀어질수록 점점 그 힘이 작아집니다. 지구를 둘러싸고 있는 대기권이라는 공기층까지만 중력이 작용하지요. 땅에서부터 높이 올라갈수록 중력의 크기는 점점 작아져요. 만약 지구의 중력이 우주까지 영향을 미친다면 어떻게 될까요? 지금 우주에 날아다니는 작은 행성이나 먼지, 돌덩이들이 모두 지구로 떨어져 버릴 것입니다.

달에서의 중력

지구에만 중력이 있을까요? 달에도 중력이 있습니다. 하지만 달에서의 중력은 지구에서의 중력에 비해 6분의 1밖에 되지 않아서 사람을 끌어당기는 힘이 작습니다. 그래서 달에서 걸을 때에 둥둥 떠다니는 느낌을 받게 되지요.

또, 달에서의 몸무게는 정상 몸무게의 6분의 1밖에 되지 않습니다. 실제로 달의 지름은 지구의 4분의 1이고, 무게도 지구의 80분의 1 정도밖에 되지 않아요. 그만큼 중력이 약할 수밖에 없겠지요. 그래서 달에서 발을 붙이고 걸으려면 몸의 질량을 늘이기 위해 우주복에 무거운 물체를 달아야 합니다.

지구
6분의 1로 가벼워진 역기
!
6분의 1로 가벼워진 몸무게

달에서의 중력은 지구에서의 중력에 비해 6분의 1밖에 되지 않아서 사람이나 사물을 끌어당기는 힘이 약하다.

중력이 없다면 어떻게 될까요?

한국인 최초의 우주인 이소연 박사님이 우주선에서 실험한 영상들을 보았나요? 중력이 없는 상태를 무중력 상태라고 하는데, 우주에는 중력이 없습니다. 그래서 이소연 박사님은 우주선을 타고 우주여행을 할 때에 중력이 없는 상태에서 생활했습니다.

중력이 없다면 물체를 끌어당기는 힘이 없기 때문에 모든 물체가 공중에서 둥둥 떠다니게 됩니다. 밥을 먹으려고 해도 밥알이 둥둥, 물을 마시려고 해도 물방울이 둥둥 떠다녀요.

그래서 우주에서 먹을 수 있는 식량을 따로 개발한답니다.

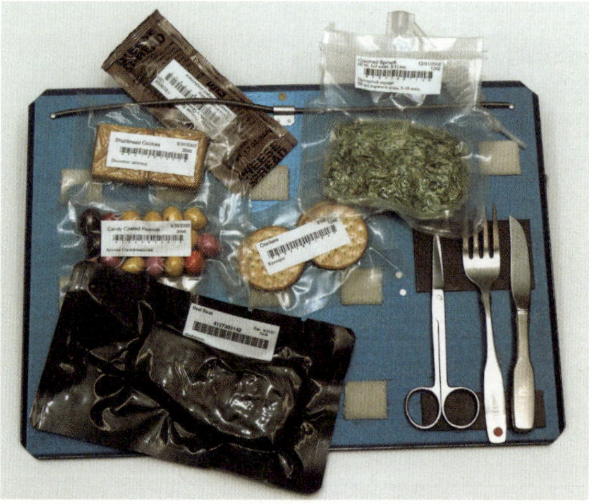

우주 식량.

우주 식량이란 지구 밖에서 우주 비행사가 영양을 섭취할 수 있도록 만든 먹을거리입니다. 무중력 상태에서 우주 비행사가 식사하는 일은 생각보다 어렵습니다. 특히 액체로 된 음식은요. 그래서 우주 식량은 잘게 요리하여 급속히 냉동한 다음 그대로 특수 건조기에 넣습니다. 과일처럼 물기가 있는 음식은 물기를 뺀 다음 말리고, 과자는 부스러기가 생기지 않도록 합니다. 또한 탄산음료는 특수 용기에 담아 빨대를 꽂아 마셔야 합니다.

새도 아니면서
어떻게 날고
있어?
글쎄 말야.
지구의 중력이
없어졌나 봐.

지구에서도 무중력 상태를 경험할 수 있습니다. 바로 놀이농산이지요. 바이킹이나 롤러코스터처럼 하늘 높이 올라갔다가 땅으로 뚝 떨어지는 놀이 기구를 타 보세요. 몇 초간 공중에 붕 떠 있는 무중력 상태를 경험할 수 있습니다.

롤러코스터를 타면 지구에서도 무중력 상태를 경험할 수 있다. © Dusso Janladde@the Wikimedia Commons

TIP 요건 몰랐지?

지구의 중심으로 들어가 보아요

중력이란 지구의 중심으로 무게가 있는 모든 것을 잡아당기는 힘이지요. 그렇다면 만약 우리가 지구 속으로 들어간다면 중력은 어떻게 될까요?

우리를 끌어당기는 어마어마한 힘의 중심으로 들어가니 중력도 훨씬 커진다고 생각하기 쉽습니다. 하지만 사실은 그 반대입니다.

중력은 지구의 중심에서 나오는 힘이 아니라 지구 자체에서 나오는 힘입니다. 따라서 만약 지구 중심으로 들어가게 되면 사방에서 모두 내 몸을 잡아당기는 셈이 되겠지요. 그 결과 오히려 내가 받는 중력의 크기는 점점 작아질 수밖에 없습니다.

정말 땅속에서는 중력이 약해?
기다려 봐. 아직 멀었다고.

지구의 중심으로 들어갈수록 중력은 점점 약해진다.

만유인력

만유인력의 발견

질량을 가진 물체끼리 서로 잡아당기는 힘을 만유인력이라고 합니다. 만유인력은 눈에 보이지 않고 그 힘도 너무 작기 때문에 우리는 느낄 수 없지만 엄연히 존재합니다. 책상 위의 지우개와 연필, 책상과 지우개, 책과 컴퓨터, 휴대전화와 선풍기 등 모든 질량을 가진 물체들은 지금도 서로 잡아당기고 있습니다. 심지어 먼 나라에 있는 이름 모를 누군가와 여러분도 서로 잡아당기고 있습니다.

눈에 보이지 않고, 느낄 수도 없는 이런 힘은 대체 어떻게 발견되었을까요?

옛날 케플러라는 과학자가 지구 주변에 있는 행성들의 움직임을 관찰했습니다. 그 결과 행성들은 태양을 중심으로 원을 그리면서 운동한다는 사실을 발견했지요. 그 후 1665년, 뉴턴이 사과가 나무에서 떨어지는 것을 보고 지구가 물체를 끌어당기는 힘인 중력을 발견했습니다. 그리고 뉴턴은 케플러가 관찰한

요하네스 케플러
Johannes Kepler, 1571~1630

독일의 천문학자입니다. 화성에 관해 자세히 기록한 것을 기초로 화성이 태양을 중심으로 원운동을 한다는 사실을 확인했습니다. 또한 행성의 운동 법칙을 발견하여 코페르니쿠스의 지동설을 수정, 발전시키면서 근대 과학의 선구자가 되었습니다.

행성의 원운동을 발견한 케플러.

태양과
가까워서
너무 더워요.
수성
금성
지구
화성
모두 서로 잘
끌어당기고
있니?
네!

행성의 움직임도 물체끼리 서로 끌어당기는 힘 때문에 일어난 현상이라는 사실을 알아냈어요. 다시 말하면, 사과를 나무에서 떨어뜨리는 힘과 지구를 태양 주위로 돌게 하는 힘이 같은 종류의 힘이라는 사실을 발견한 것입니다.

만유인력에 영향을 미치는 요인

이 만유인력에 영향을 미치는 요인에는 무엇이 있을까요?

우선 거리입니다. "눈에서 멀어지면 마음에서도 멀어진다."라는 말이 있지요. 사람 사이도 가까이 지내면서 자주 보아야 친분이 쌓이듯 만유인력도 가까운 거리에서 그 힘을 더욱 크게 발휘합니다. 서로 거리가 가까울수록 만유인력이 커지고 거리가 멀수록 작아집니다. 또한 만유인력은 질량의 영향도 받습니다. 질량이 클수록 만유인력이 커집니다. 무겁고 가까이 있

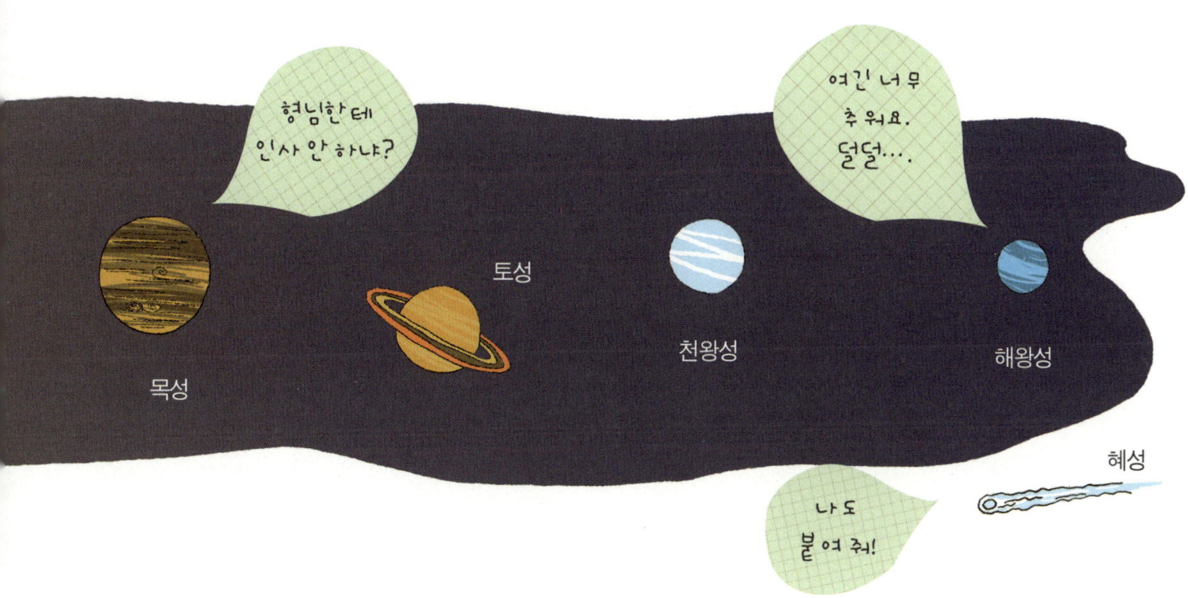
형님한테 인사 안 하냐?
여긴 너무 추워요. 덜덜…
목성
토성
천왕성
해왕성
혜성
나도 붙여 줘!

는 물체일수록 서로 끌어당기는 힘이 커진다는 뜻입니다. 지구의 중력도 만유인력의 현상이라고 할 수 있습니다.

그런데 한 가지 궁금한 점이 생깁니다. 질량이 있는 모든 물체를 지구의 중심으로 끌어당기는 힘이 중력입니다. 사과와 지구 사이에도 이 중력이 작용하여 사과가 밑으로 떨어집니다. 사과도 지구를 끌어당겼을 텐데 왜 사과 혼자 지구의 중심 쪽으로 떨어졌을까요? 그것은 지구가 사과보다 질량이 훨씬 크기 때문입니다. 질량이 큰 지구가 사과를 더 세게 자기 쪽으로 끌어당긴 것입니다.

그렇다면 우리가 살고 있는 세상의 물체들은 왜 서로 달라붙지 않을까요? 그것은 지구에 비해 물체 사이에 작용하는 만유인력이 몹시 작기 때문입니다. 책상 위에 지우개와 연필을 가까이 놓아도 달라붙지 않는 이유는 작은 크기의 만유인력이 작용하기 때문입니다.

Q&A 꼭 알고 넘어가자!

문제 1 모든 사물은 밑으로 떨어집니다. 그 이유는 무엇인가요?

문제 2 중력이 없다면 우리는 어떤 생활을 하게 될까요?

3. 과학자 케플러는 행성들이 태양을 중심으로 원을 그리면서 운동한다는 사실을 발견했습니다. 중력을 발견한 뉴턴이 케플러가 발견한 행성의 움직임도 물체끼리 서로 끌어당기는 힘이 있기 때문에 일어난 현상이라는 것을 알아냈습니다. 사과를 나무에서 떨어지게 하는 힘과 행성끼리 서로 끌어당기는 힘이 같은 종류라는 사실을 발견한 것입니다.

4. 질량과 거리입니다. 물체의 질량이 클수록, 물체 사이의 거리가 가까울수록 만유인력은 커집니다.

문제 3 눈에 보이지도 않고 느낄 수도 없을 만큼 작은 힘인 만유인력은 어떻게 발견되었나요?

문제 4 무엇이 만유인력의 크기에 영향을 미치나요?

정답

1. 중력이 있기 때문이에요. 중력이란 지구가 중심 쪽으로 무게가 있는 모든 것을 끌어당기는 힘입니다. 공중으로 차 올린 공이 아래로 떨어지는 것도, 사과나무의 열매가 땅으로 툭 떨어지는 것도, 우리가 땅에 발을 딛고 살 수 있는 것도 모두 중력이 작용한 결과입니다.

2. 무게가 있는 모든 것을 끌어당기는 힘이 없기 때문에 사람은 물론 사물까지 공중에서 둥둥 떠다니게 됩니다. 밥을 먹을 때도 밥알이 둥둥, 물을 마시려 해도 물방울이 둥둥 떠다닐 것입니다. 실제로 중력이 없는 우주 공간에서는 모든 사물이 둥둥 떠다닙니다. 그래서 사람은 우주여행을 하기 위해서 우주 식량을 따로 개발하기도 했습니다.

관련 교과

초등 3학년 1학기 2. 자석의 성질
초등 6학년 1학기 5. 자기장
중학교 3학년 6. 전류의 작용

5. 자기력

늦잠을 자서 지각을 했습니다. 운동장을 가로질러 교실로 서둘러 뛰어가다가, 준비물로 챙겨 온 침 핀을 다 쏟아 버리고 말았습니다. 침 핀을 한꺼번에 쓸어 담아 주우려니까 침 핀이 자꾸 손을 찔러서 결국 조심조심 하나씩 주웠어요. 다 주우려면 시간이 엄청 걸릴 것 같아요. 어떻게 하면 좋을까요?

자석의 힘

바닥에 흩어져 버린 침 핀을 줍느라 고생하고 있는데 마침 또 다른 지각생이 나를 발견했습니다. 그 친구는 자신만만한 표정을 지으며 도와주겠다고 말했습니다. 어떤 방법으로 나를 도와줄까요?

쇠붙이를 끌어당기는 힘

우리 주변의 사물 중에는 쇠로 된 물건을 강하게 끌어당기는 것이 있습니다. 특별히 어떤 장치를 붙인 것도 아닌데 마치 마법을 부리듯이 쇠붙이를 끌어당겨 자기 몸에 붙입니다.

자석은 쇠붙이를 끌어당기는 힘이 있다.
ⓒ Omegatron@the Wikimedia Commons

운동장에 흩어진 침 핀을 줍느라 고생하는 나를 도와준 친구는 바로 이 물건을 이용했습니다. 이 물건을 침 핀 가까이 가져다 대니 침 핀이 모두 그 물건에 착착 달라붙었습니다.

대체 이 신비한 물건은 무엇인가요?

여러분도 쉽게 짐작할 만하지

요? 바로 자석입니다. 자석은 쇠붙이로 된 물건을 끌어당기는 힘이 있습니다. 이 자석을 잘 이용하면 생활에 큰 도움을 받을 수 있습니다. 자석은 어떤 원리로 만들어졌기에 쇠붙이를 끌어당길까요?

자석의 성질

자석은 N극과 S극으로 구분되어 있습니다. N극은 반대 극인 S극과 붙으려는 성질이 있습니다. 같은 극인 N극과 N극, S극과 S극끼리는 서로 밀어내려고 하고요. 같은 극끼리 밀어내는 힘을 척력, 다른 극끼리 서로 끌어당기는 힘을 인력이라고 합니다.

S
N
자석은 N극과 S극으로 구분되어 있다.

그렇다면 만약 이 자석을 둘로 쪼개면 어떻게 될까요? 혹시 자석의 성질을 잃어버릴까요? 그렇지 않습니다. 자석은 둘로 쪼개도 각각 자석의 성질을 유지합니다. 이것을 또다시 둘로 쪼개도 마찬가지입니다. 자석은 아무리 작게 나뉘어도 자석의 성질을 잃지 않습니다.

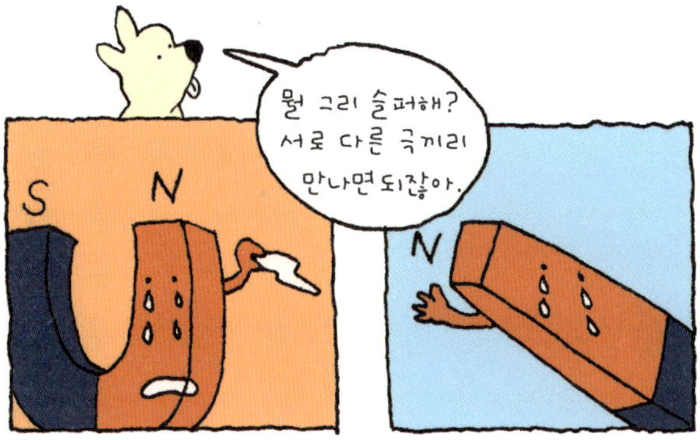
뭘 그리 슬퍼해? 서로 다른 극끼리 만나면 되잖아.
S
N
N

지구와 나침반

길을 찾아 주는 나침반

여러분, 걷다가 길을 잃으면 목적지에 어떻게 찾아가나요?

주위에 길 가던 다른 사람에게 물어보거나 휴대전화의 인터넷 기능으로 길을 검색해 보기도 하지요. 이렇게 요즘은 인터넷이라는 편리한 방법이 있지만 옛날에는 지도를 보면서 방향을 정해야 했습니다.

그런데 정말 지도 하나만 가지고도 길을 찾을 수 있었을까요? 옛날 사람들은 길 찾는 데에 그렇게 뛰어났을까요? 사실은 지도 외에 나침반이라는 도구도 있었습니다. 나침반 바늘의 N극이 항상 북쪽을 가리키고 있기 때문에 쉽게 방향을 알 수 있었습니다.

물론 해가 뜨거나 지는 쪽을 보면서 방향을 찾을 수도 있었고, 그 외 여러 가지 자연 현상을 보고도 방향을 알아낼 수 있었습니다. 하지만 나침반 없이 지도와 자연 현상만을 가지고 완벽하게 방향을 알아내는 일은 결코 쉬운 일이 아니었습니다. 만약 푸른 바닷물 말고는 아무것도 보이지 않는 넓디넓은 바다 한가운데에 있다고 생각해 보세요. 지도가 있다고 해도 아무 소용이 없겠지요. 나침반은 이런 상황에서 큰 도움을 주었습니다.

이렇게 유용한 나침반으로도 길을 찾을 수가 없는 곳이 있습니다. 바로 땅속입니다. 자석의 성질이 있는 지형에서는 나침반이 자석의 힘 때문에 제구실을 하지 못합니다. 이런 이유로 옛날에는 나침반을 가지고도 길을 헤매게 되면 그곳에 귀신이 나타나기 때문이라고 생각했습니다.

그렇다면 나침반은 무엇으로 만들어졌을까요? 나침반 바늘은 왜 항상 북쪽만 가리킬까요?

커다란 자석 지구

지구는 커다란 자석입니다. 다만 지구는 그 자석의 힘이 약합니다. 지구의 이런 특징을 이용하여 만든 것이 나침반입니다. 나침반 바늘을 자석으로 만드는 것도 지구 자체가 자석의 성질이 있기 때문입니다.

나침반의 N극은 항상 지구의 북쪽을 가리키지요. 그렇다면 지구의 북쪽은 자석의 무슨 극일까요? 앞에서 배웠던 척력과 인력을 생각하면 답은 매우 간단합니다. 자석은 같은 극끼리는 밀어 내는 힘인 척력, 다른 극끼리는 끌어당기는 힘인 인력이 있습니다. 나침반의 N극이 항상 북쪽을 가리키는 것으로 볼 때, 지구의 북쪽은 자석의 어떤 극일까요? 네, 당연히 자석의 N극이 좋아하는 S극입니다. 지구는 북쪽은 S극, 남쪽은 N극을 띤 아주 커다란 하나의 자석입니다. 이제 나침반 바늘이 항상 북쪽을 가리키는 이유를 알겠지요?

넌 자석이야.
아니야, 나는 지구야.

그림을 그리는 자석

보이지 않는 힘

자석에는 쇠붙이를 끌어당기거나 다른 극의 자석을 끌어당기는 힘, 그리고 같은 극의 자석을 밀어 내는 힘이 있습니다.

하지만 자석의 힘이 눈에 보이지는 않습니다. 자석의 힘을 눈으로 확인할 수 있는 방법은 없을까요? 철가루를 준비해 보세요. 철가루는 자석에 달라붙으면 떼어 내기 힘들므로 하얀 종이 밑에 자석을 놓고 종이 위에 철

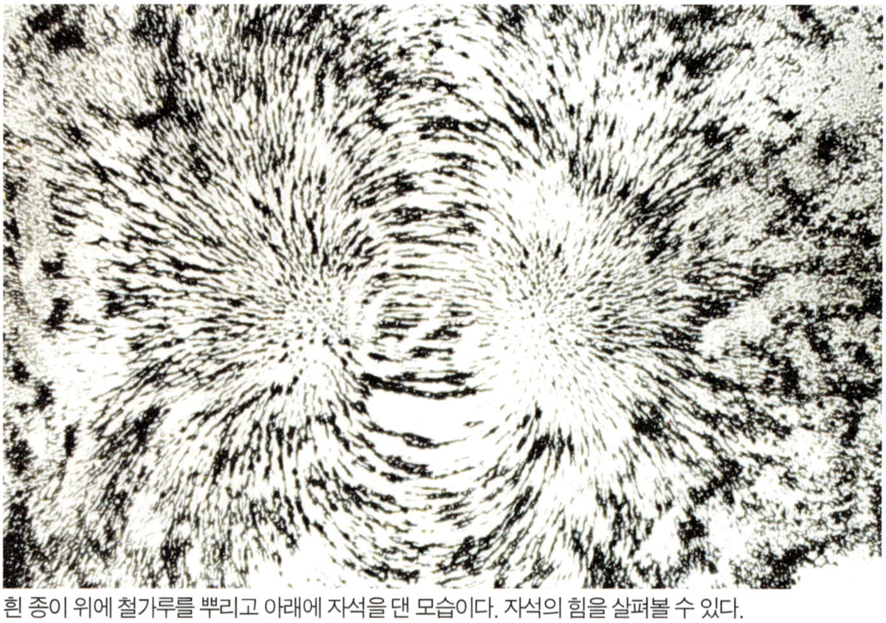

흰 종이 위에 철가루를 뿌리고 아래에 자석을 댄 모습이다. 자석의 힘을 살펴볼 수 있다.

가루를 솔솔 뿌리고 관찰해 보세요. 철가루가 그림 그려진 듯 늘어선 모습을 볼 수 있습니다. 자석의 힘 때문에 철가루가 움직이면서 마치 한 폭의 그림처럼 된 것입니다.

만약 자석에 직접 철가루가 붙었다면 어떻게 떼어 낼 수 있을까요? 이미 자석에 붙어 버린 철가루를 손으로 떼어 내기란 여간 어려운 일이 아닙니다. 이런 경우 세 가지 방법이 있습니다.

첫째, 자석을 아주 세게 바닥에 던지는 방법입니다. 바닥에 떨어지는 순간 자석이 자석의 성질을 잃어 철가루를 떼어 낼 수 있습니다. 둘째, 자석을 아주 오랜 시간 동안 가열하는 방법입니다. 열을 받은 자석은 자석의 성질을 잃어 철가루가 떨어집니다. 셋째, 씹은 껌이나 고무찰흙같이 찐득한 물건을 이용해 철가루를 떼어 내는 방법입니다. 찐득한 물건을 이용하면 자석의 성질을 그대로 유지하면서도 철가루를 떼어 낼 수 있습니다.

다른 물체를 통과하는 힘

자석의 힘은 다른 물체를 통과합니다. 종이를 사이에 두고 한쪽에는 자석을, 한쪽에는 클립을 놓아 보세요. 자석만 움직여도 반대쪽 클립이 따라 움직이는 광경을 볼 수 있습니다. 자석의 힘이 종이를 통과해서 클립을 끌어당긴 것입니다.

자석의 힘은 유리도 통과할 수 있습니다. 너무 두껍지 않은 물질을 사이에 둔 상태에서 자석은 그 사이에 물질이 없었던 때와 똑같은 힘을 발휘할 수 있습니다.

주변에 영향을 미치는 자석

자화란 무엇인가요?

우리는 저마다 자기만의 성격, 외모, 취미, 특기, 관심이 달라요. 이런 특징들로 각자 고유한 한 사람이 되지요. 친하게 지내는 친구들을 살펴보면 서로서로 공통점이 있다는 사실을 알게 될 거예요. 이 공통점 때문에 친해질 수도 있지만 오히려 서로 다른 점 때문에 끌리기도 해요. 적극적인 성격의 친구가 소극적인 성격의 친구에게 먼저 다가가 친구가 되는 것처럼 말이에요. 이렇게 서로 친하게 지내면서 붙어 다니다 보면 공통점이 생기게 마련입니다. 음악에 관심이 없던 사람이 음악을 좋아하는 사람과 친구가 되면 자기도 모르게 음악에 관심을 두게 되는 것처럼 말이에요.

하나 더!
살살
아슬 아슬

막대자석에 붙은 클립이 자화되어 다른 클립까지 끌어당긴다.

자석의 세계도 이와 같습니다. 적극적인 성격을 지닌 자석은 소극적인 성격의 쇠붙이를 끌어당깁니다. 성격이 다른 사물이 친한 친구 사이처럼 가까이 있게 되는 것이지요.

이때 신기한 일은 자석 근처에

있던 쇠붙이들이 저절로 자석의 힘을 갖게 된다는 점입니다. 자석이 아닌데 자석의 힘을 얻게 되는 것이지요. 그래서 자석으로 클립이나 작은 쇠붙이를 들어 올릴 때, 그 쇠붙이에 줄줄이 다른 쇠붙이들이 붙어서 함께 올라옵니다. 이런 성질을 바로 자화라고 합니다. 다시 말하면 자화란 자기장 안에 있는 물체가 자석의 성질을 띠게 되는 현상을 뜻합니다.

자기장

자석의 주위, 전류의 주위, 지구의 표면 따위처럼 자기의 힘이 미치는 공간을 말합니다. 움직이는 전류는 자기장을 만들어 낼 수 있습니다. 또한 자기장의 방향은 자기장 내에 있는 나침반 자침의 N극이 받는 힘의 방향입니다.

자석은 어떻게 보관해야 하나요?

만약 여러 가지 자석을 함께 보관하면 어떻게 될까요?

자석의 N극에는 다른 자석의 S극이, 자석의 S극에는 다른 자석의 N극이 달라붙어서 보관되겠지요. 그러면 자석들끼리 서로 힘의 영향을 받아서 자석의 극이 바뀌어 버릴 수도 있습니다. 분명히 N극이라고 표시되어 있는데도 다른 자석의 N극과 붙어 버리는 일이 생기는 것입니다.

따라서 여러 가지 자석을 함께 보관할 때에는 따로따로 신문지에 싸서 보관하거나, 서로 달라붙지 않게 같은 극끼리 같은 방향을 향하게 하여 보관해야 합니다.

TIP 요건 몰랐지?

고장 난 나침반 고치기

자화되는 성질을 이용하면 고장 난 나침반을 고칠 수 있습니다. 자석은 주변 자석의 힘에 영향을 받기 때문에 작은 자석인 나침반이 망가져서 방향을 거꾸로 가리키는 경우도 있답니다. 이럴 경우에는 다른 자석을 가져와서 나침반의 N극 쪽에 자석의 S극을 대고 문질러 보세요. 나침반 바늘 속에 있는 N극 성질들을 S극 자석으로 끌어들이는 방법입니다. 나침반의 N극 쪽으로 N극 성질이 모이게 되어 고장 난 나침반을 고칠 수 있어요.

자석을 이용해
고장 난 나침반을
고칠 수 있어.

SE
S
SW
W
NW
N
NE
E
120
150
180
210
240
270
300
330
0
30
60
90

나침반 제대로 사용하는 방법

❶ 지도와 나침반을 판판한 평지 위에 놓는다.

❷ 지도를 나침반과 같이 북쪽을 위로 향하게 놓은 다음 나침반을 지도 가운데에 놓으면 방향을 알 수 있다.

❸ 색이 입혀진 바늘은 북쪽, 반대쪽은 남쪽, 오른쪽은 동쪽, 왼쪽은 서쪽을 가리킨다.

자석을 이용한 도구들

자석을 이용하면 우리 생활이 훨씬 편리해집니다. 집에서 창문을 닦을 때, 창문 바깥면의 손이 닿지 않은 부분은 청소하기 힘들지요. 이때 사용하는 청소 도구가 바로 자석을 이용한 것입니다.

안과 밖을 동시에 닦을 수 있어.
자석
자석
유리창

창문 청소 도구는 안쪽에서만 창문을 닦아도 바깥쪽 솔이 자석의 힘으로 함께 움직여 바깥면도 닦아 준다.

창문 사이에 자석이 붙은 청소 도구를 놓고, 창문 안쪽에서 청소 도구를 움직이면 자석의 힘으로 붙은 바깥쪽 청소 도구까지 움직입니다. 자석의 힘이 유리를 통과해서 작용하기 때문에 가능한 일입니다.

또한 가방이나 지갑의 잠금 장치에도 이 자석이 많이 이용됩니다. 자석으로 만들어진 가방의 잠금 장치는 그냥 가져다 대기만 해도 잠겨서 매우 편리합니다.

그뿐이 아닙니다. 병따개 뒷면에 자석을 많이 달곤 합니다. 냉장고나 쇠로 된 가구 등 눈에 띄는 곳에 붙여 놓으면 필요할 때 쉽게 찾아 쓸 수 있지요.

전자석

연철봉

연철이란 탄소 함유량이 0~0.2%인 무른 철을 말합니다. 두드리고 압착하면 얇게 잘 펴지고, 힘을 받아도 잘 부서지지 않고 가늘고 길게 늘어납니다. 또한 자석의 성질도 띠기 쉬워 전자기 재료로 쓰입니다. 연철봉이란 이런 연철에 코일을 감은 막대기를 말합니다. 코일을 감은 연철봉은 전자석이 됩니다.

우리는 친구 사이야!
엥?

무엇인가를 끌어당긴다는 사실만으로도 신기한데 자석이었다가 자석이 아니었다가 하는 물건도 있습니다. 바로 전자석입니다. 어떻게 이런 일이 가능할까요?

사실 전자석은 전기가 흐를 때에만 자석의 성질을 띠고, 전기가 흐르지 않을 때에는 그냥 쇠붙이일 뿐입니다.

전자석은 연철봉에 코일을 감아 만듭니다. 일시적 자석이라고 할 수 있지요. 전자석은 전류가 흐를 때 전선 주변에서도 자석의 힘과 같은 힘이 흐르는 것을 발견해 그 힘을 이용한 도구입니다. 전류를 세게 흘려보낼수록 자석의 힘도 세집니다. 자석의 세기를 조절할 수 있는 것이지요.

정말 전선 주위에 자석의 힘이 느껴질까요?

궁금하다면 나침반을 전선 근처에 가져가 보세요. 자석의 힘이 흘러 나침반의 바늘이 돌아갈 것입니다.

너의 정체가 뭐냐!
나는야 자석이지!
아니 그냥 못이야.
그냥 못이야.
천만에! 자석이야
자석이야, 못이야, 자석이야, 못이야, 자석이야….
똑딱 똑딱
스위치 좀 그만 똑딱거리면 안 되겠어?
전원 스위치

못에 코일을 감으면, 코일에 전기가 흐를 때에는 자석이 되고 전기가 흐르지 않을 때에는 그냥 못이 된다.

전자석의 장점은 내가 필요할 때에만 전류를 흘려보내서 자석으로 이용할 수 있다는 점입니다. 이 전자석이 어디에 이용되어 우리 생활을 편리하게 해 주는지 알아봅시다.

선풍기는 날개가 뱅글뱅글 돌아가면서 더운 여름날 땀을 식혀 줍니다. 선풍기의 날개를 돌려 주는 것은 전동기라고 불리는 기계입니다. 이 기계 안에는 자석과 전자석이 들어 있습니다. 전기가 흐르면 전자석이 자석의 성질을 띠게 되어 기계 안에 있는 자석과 붙으려고 움직입니다. 이 움직이는 과정에서 선풍기의 날개가 돌아갑니다. 이렇게 선풍기처럼 뱅글뱅글 돌아가는 전동기가 달려 있는 전자 제품은 모두 전자석을 이

전동기

흔히 모터라고 부르며, 전기에너지에서 회전력을 얻는 기계를 말합니다. 회전하는 부분의 코일에 흐르는 전류와 고정되어 있는 부분의 자기장 사이에 작용하는 힘으로 회전하는 힘이 생깁니다.

스피커 속에도 전자석이 있다.

용합니다.

우리가 음악을 크게 들을 수 있게 해 주는 스피커에도 전자석이 숨어 있습니다. 소리의 정보를 가지고 있는 전기 신호가 전자석에 입력된 만큼 진동하게 되어서 여러 가지 다양한 소리를 표현해 냅니다.

도둑이 들어오는 것을 감지해 주는 무인 경비 시스템에도 전자석이 붙어 있습니다. 문이 열리면 자석이 서로 떨어졌다는 사실을 감지하여 경보가 울립니다.

무거운 쇠붙이들을 한 번에 들어 올리는 기중기에도 전자석이 들어 있습니다. 전자석에 전기를 흘리면 쇠붙이가 커다란 자석에 붙고, 그 쇠붙이들을 원하는 곳으로 옮긴 다음 전기를 끊으면 쇠붙이들이 그 자리에서 모두 떨어져 버리는 것입니다. 사람이 들 수 없는 무거운 쇠를 옮겨 주는 기중기는 주로 여러 건축 현장, 폐차장, 고물상 등에서 사용합니다.

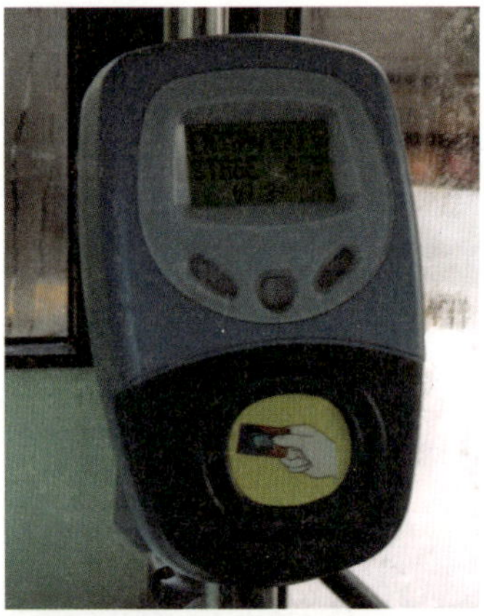

요금 단말기에 교통 카드를 가져다 대면 카드 속의 칩이 작동한다. © mailer_diablo@the Wikimedia Commons

그 밖에 놀이동산에 있는 놀이 기구에도 전자석을 사용합니다. 놀이 기구에 붙은 전자석에 전기를 흘려보내 놀이 기구가 바닥에 붙게 하여 멈추는 것입니다. 롤러코스터를 예로 들어 볼까요? 열차의 아래쪽에는 영구 자석을, 레일 위에는 전자석을 붙여 놓고 전기의 흐름을 조절할 수 있게 합니다.

우리가 버스나 지하철을 탈 때 이용하는 교통 카드에도 전자석이 숨어 있습니다. 요금 단말기에 교통 카드를 가져다 대면 단말기에서 흘러나오는 전류를 받고 자석의 성질을 띠게 되어 카드 속 칩이 작동합니다. 교통 카드를 자석과 함께 두면 고장 나는 이유도 바로 이 전자석 때문입니다.

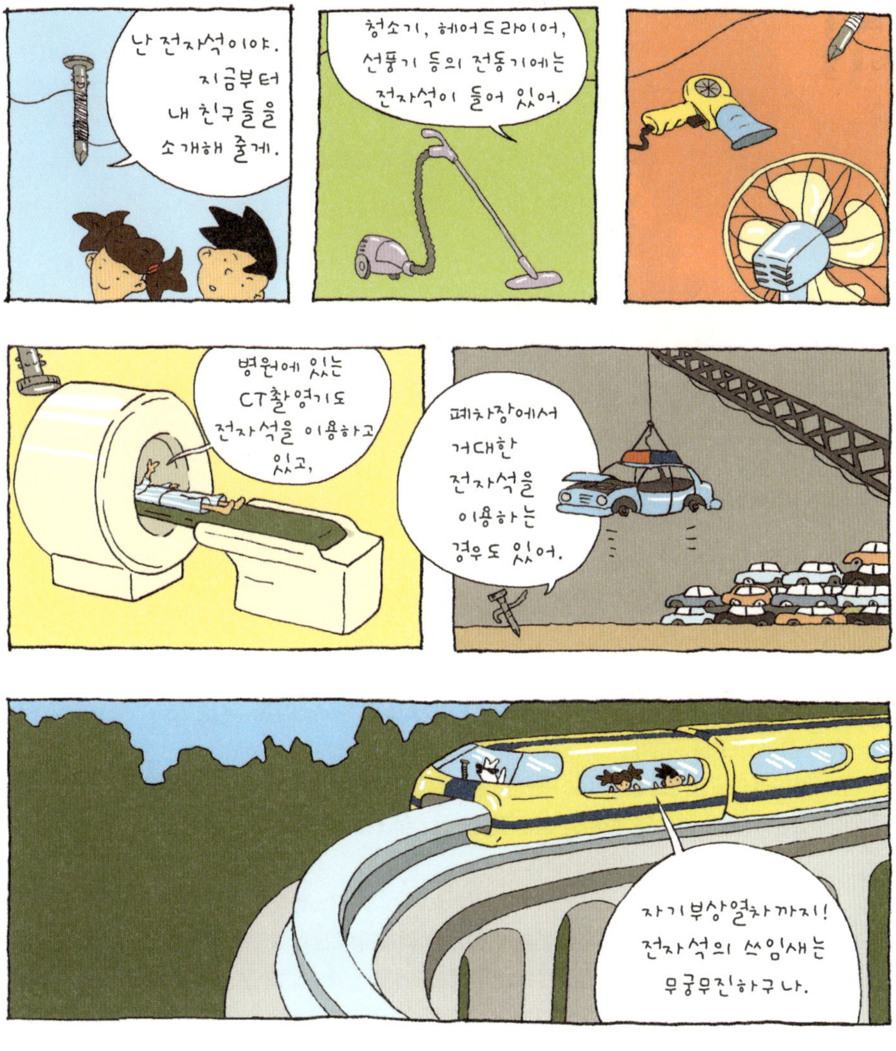

난 전자석이야. 지금부터 내 친구들을 소개해 줄게.
청소기, 헤어드라이어, 선풍기 등의 전동기에는 전자석이 들어 있어.
병원에 있는 CT촬영기도 전자석을 이용하고 있고,
폐차장에서 거대한 전자석을 이용하는 경우도 있어.
자기부상열차까지! 전자석의 쓰임새는 무궁무진하구나.

Q&A 꼭 알고 넘어가자!

문제 1 자석의 인력과 척력에 대해 설명해 보세요.

문제 2 나침반의 N극이 항상 북쪽을 가리키는 이유는 무엇인가요?

3. 전자석은 연철봉에 코일을 감아 만듭니다. 전기가 흐를 때에만 자석의 성질을 띠고, 전기가 흐르지 않을 때에는 그냥 쇠붙이 상태로 있지요. 전류가 흐를 때 전선 주변에서도 자석과 같은 힘이 흐른다는 사실을 발견해 그 힘을 이용한 것입니다. 전류를 세게 흘려보내면 자석의 힘도 덩달아 세집니다. 자석의 힘이 필요할 때에만 사용할 수 있고, 그 힘의 세기를 조절할 수도 있다는 편리한 점이 있습니다.

4. 버스나 지하철을 탈 때 요금 단말기에 교통 카드를 가져다 대면 교통 카드 속 전자석이 단말기에서 흘러나오는 전류를 받고 자석의 성질을 띠게 되어 칩이 작동합니다. 교통 카드를 자석과 함께 두면 고장 나는 이유도 바로 전자석 때문입니다.

문제 3 자석이었다가 자석이 아니었다는 하는 물건을 전자석이라고 합니다. 전자석은 어떻게 만들어지나요?

문제 4 교통 카드에는 전자석이 숨어 있어요. 어떤 원리로 교통 카드에 전자석이 활용되나요?

정답

1. 자석에는 N극과 S극이 있습니다. 이 자석은 같은 극끼리는 밀어내고 다른 극끼리는 끌어당기는 힘이 있습니다. N극과 N극, S극과 S극이 서로 밀어내려고 하는 힘이 척력, N극과 S극이 서로 붙으려고 하는 힘이 인력입니다.

2. 지구는 약한 힘을 가진 커다란 자석입니다. 지구의 북쪽은 자석의 S극, 남쪽은 N극을 띠고 있습니다. 그래서 나침반의 N극은 항상 북쪽을 가리킬 수밖에 없습니다. 자석은 다른 극끼리 서로 끌어당기는 인력이 작용하니까요.

관련 교과

중학교 1학년 7. 힘과 운동

6. 원심력, 구심력, 작용-반작용

버스가 커브 길을 돌 때 우리 몸이 한쪽으로 쏠리는 이유, 컵에 물을 가득 담고서 뱅글뱅글 돌려도 물이 안 쏟아지는 이유, 세탁기 본체는 빠른 속도로 돌 뿐인데 빨랫감이 탈수되는 이유, 전봇대에 부딪혔을 때 내 몸이 튕겨 나오는 이유는 무엇일까요? 이 모든 현상에 과학 원리가 숨어 있어요. 지금부터 천천히 알아보아요.

원심력과 구심력은 무엇인가요?

급커브
끼이이이익-

자동차를 타고 가다가 우회전이나 좌회전을 하면 원심력 때문에 몸이 한쪽으로 쏠린다.

자동차를 타고 가다 좌회전이나 우회전을 할 때 몸이 한쪽으로 쏠리곤 합니다. 그 까닭은 원심력 때문입니다. 원심력이란 원 모양으로 운동하는 물체가 원 바깥쪽으로 움직이려고 하는 성질을 말합니다. 자동차가 원운동을 할 때 원심력은 바퀴와 지면과의 마찰력이 구심력으로 작용하지요. 그래서 자동차는 커브 길 밖으로 떨어지지 않을 수 있습니다. 자동차 안에 타고 있는 사람은 원 바깥 방향으로 원심력이라는 관성력을 받게 되어 몸이 한쪽으로 쏠리는 것입니다.

고속도로의 커브 길을 비탈지게 만든 것도 원심력에 의해서 자동차가 도로 밖으로 튕겨 나가는 사고를 방지하기 위해서입니다. 눈이나 비가 오지 않은 상태에서는 고속도로와 자동차 바퀴 사이의 마찰이

원심력

원운동을 하는 물체나 입자에 작용하는, 원 바깥쪽으로 나아가려는 힘을 말합니다. 구심력과 크기가 같고 방향은 반대입니다. 운동 중인 물체 안에 있는 관찰자는 힘이 작용한다고 느끼지만, 실제로 존재하는 힘이 아니라 관성력이 변한 형태의 힘입니다.

차가 미끄러지지 않을 만큼 충분히 커서 구심력이 제대로 작용합니다. 그러나 눈이나 비가 오면 마찰이 무시할 수 있을 만큼 작아져 경사면의 역할이 매우 중요해집니다. 도로 밖으로 나가려는 힘만큼 경사면으로 내려오는 가속도도 커지기 때문에 자동차는 안전하게 도로를 따라 내려올 수 있습니다.

구심력

원운동을 하는 물체나 입자에 작용하는, 원의 중심으로 나아가려는 힘입니다. 구심력을 발견할 수 있는 예에는 달의 운동이 있습니다. 달이 지구를 중심으로 원에 가까운 궤도를 도는 까닭은 달을 지구 중심으로 끌어당기는 중력 때문입니다.

원심력이 더 강하면 이렇게 되고
구심력이 더 강하면 이렇게 되지.
원심력
구심력

구심력
원심력
원심력과 구심력의 균형을 잘 맞춰야 최고의 운전자가 될 수 있어.

원심력은 어디에 활용되나요?

구심력과
원심력이 똑같은
힘으로 작용하고
있어.

커다란 놀이 기구가 뱅글뱅글 돌면, 놀이 기구에 타고 있던 사람들은 옆으로 퍼지면서 돌게 됩니다. 우리가 어떤 물체를 뱅글뱅글 돌리면 그 물체는 내 팔이나 그 물체를 연결하고 있는 줄이 반지름이 되어 원을 그리며 운동을 하게 되지요. 이런 운동을 원운동이라고 합니다. 원운동을 하는 물체에는 원의 중심으로 나아가려는 힘인 구심력과 원의 바깥으로 나아가려는 힘인 원심력이 함께 작용합니다. 이때 원심력과 구심력의 크기가 같아야만 물체는 원을 그리며 운동할 수 있습니다.

원심력을 잘 활용하면 생활이 편해집니다. 세탁기는 빨래와 탈수 두 가지를 모두 해결해 주는 편리한 도구이지요. 세탁과 헹굼이 끝난 뒤에는 세탁물의 물기를 짜 주어야 합니다. 구멍이 숭숭 뚫린 세탁기 본체를 빠르게 돌려 주면 원심력으로 인해 물방울들이 구멍을 통해 밖으로 튀어 나갑니

덜덜덜덜덜.....
덜덜덜덜덜덜....
전동기

다. 구멍보다 큰 빨랫감은 세탁기 본체 속에 있고, 물만 밖으로 내보내게 되어 손으로 짠 것보다 더 큰 탈수 효과를 낼 수 있습니다.

공중에서 두세 바퀴 회전하여 사람의 정신을 쏙 빼놓는 롤러코스터도 원심력을 이용한 대표적인 기구입니다. 열차가 공중에서 도는데도 떨어지지 않는 이유는 빠르게 돌면서 생기는 원심력이 땅에서 기차를 잡아당기는 중력보다 더 크기 때문입니다. 열차가 한 바퀴 회전할 때 원 밖으로 벗어나려는 힘이 기차를 레일에 찰싹 달라붙게 하기 때문에 떨어지지 않고 회전할 수 있는 것이지요.

롤러코스터는 원심력을 이용한 놀이 기구이다.

TIP 요건 몰랐지?

원심 분리기

원심 분리기란 원심력을 이용하여 섞여 있는 액체와 고체 또는 비중이 다르게 혼합된 액체를 분리하는 장치입니다. 섞여 있는 혼합물을 시험관에 넣고 원심 분리기를 고속으로 회전시키면 입자의 크기와 밀도에 따라 물질이 분리됩니다. 원심 분리기는 용도에 따라 다양합니다.

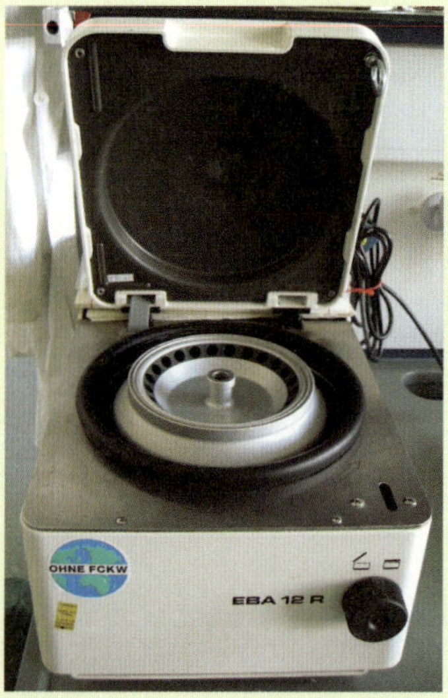
OHNE FCKW
EBA 12 R
탁상형 원심 분리기. © Magnus Manske @the Wikimedia Commons

원심 분리기의 종류

❶ 여과용 : 여과용 원심 분리기는 원심 여과기라고도 합니다. 원심 여과기의 예로는 세탁기의 탈수기가 있습니다. 작은 구멍이 많은 통 속에 젖은 옷을 넣고 고속으로 회전시키면 원심력에 의해 수분은 작은 구멍을 통해 바깥으로 튕겨 나갑니다. 설탕의 결정을 분리하고, 주스 등의 액체를 맑고 깨끗하게 하는 데에도 이용됩니다.

❷ 분리용 : 이 기계는 1분에 5,000번~1만 번을 고속으로 회전합니다. 우유의 탈지, 혈장의 분리처럼 매우 작은 점 같은 알갱이들을 분리해 냅니다.

❸ 저속 원심 분리기 : 이 기계는 1분에 6,000번 이하로 회전할 수 있고, 주로 세포나 핵처럼 쉽게 침전되는 시험용 물질이나 생물의 원심 분리에 이용됩니다.

❹ 고속 원심 분리기 : 이 기계는 1분에 2만~2만 5,000번 회전할 수 있고 냉각 장치도 갖추고 있습니다. 주로 세포, 핵, 세포 내 소기관 등을 분리할 때 이용됩니다.

❺ 초원심 분리기 : 이 기계는 최고로 낼 수 있는 속도가 1분에 4만~8만 번 회전할 수 있을 만큼 매우 빠릅니다. 또한 냉각기와 진공 장치를 갖추고 있으며, 세포 내 기관, 세포막 구성 성분, 거대 분자 등을 분리할 수 있습니다.

작용-반작용의 원리

앞을 제대로 보지 않고 걷다가 전봇대에 부딪힌 적 있나요? 부딪히는 순간 내 몸이 튕겨 나오지요. 누가 밀지도 않고 그저 부딪힌 것뿐인데 왜 몸이 튕겨 나올까요?

작용-반작용의 원리는 무엇인가요?

내가 물체에 힘을 주면, 물체도 내가 힘을 준 만큼 똑같이 나에게 힘을 줍

벽아, 제발 밀려라!
그게 민다고 밀리겠니!

사람이 벽을 밀면 벽에 힘을 준 만큼 벽도 사람에게 힘을 준다.

흑흑!
반작용으로
혹 났어!

니다. 이런 힘의 원리를 작용-반작용의 원리라고 합니다.

그런데 물체가 나에게 힘을 준다니, 무슨 뜻일까요? 앞의 그림처럼 우리가 건물 벽을 민다고 생각해 보세요. 벽이 밀리기는커녕 오히려 내 몸이 뒤로 밀리지요. 내가 벽에 힘을 준 만큼 벽도 내게 힘을 주기 때문입니다.

작용-반작용의 예는 많습니다. 공을 바닥에 떨어뜨리면 공은 바닥에 힘을 주고(작용), 동시에 바닥도 공에게 힘을 줍니다(반작용). 그 반작용의 힘으로 공이 튀어 오르는 것입니다. 수영 선수를 생각해도 작용-반작용의 원리를 이해할 수 있습니다. 수영 선수가 한 코스를 다 헤엄쳐서 한 바퀴를 돌 때, 수영장 벽을 발로 차면서 방향을 바꾸지요. 수영 선수가 발로 벽에 힘을 주고, 벽은 선수가 준 힘만큼 되돌려 주어서 반대 방향으로 나갈 수 있습니다.

탁
내가 책상에 힘을 준 만큼
책상도 내 손에 힘을
주고 있어.
끄덕끄덕
쯔작
나도
해볼까?
근데 너무
아프다.

영화나 텔레비전 드라마에서 자동차끼리 부딪치는 장면을 본 적이 있나요? 세게 부딪친 두 자동차는 각자 반대 방향으로 밀립니다. 한 차가 다른 한 차에 부딪치며 힘을 준 만큼 부딪힌 차도 반작용하기 때문입니다.

손으로 책상을 세게 내리쳤을 때 어떤가요? 책상에 힘을 준 것은 나인데 내 손이 무척 아프지요. 내가 책상에 힘을 준 만큼 책상도 내 손에 힘을 주어 생기는 현상입니다. 비슷한 예로 발로 땅바닥을 세게 치면 땅의 힘을 받아 내 발이 아픕니다. 작용과 반작용은 힘의 크기는 같고 방향은 반대인 것입니다.

작용-반작용의 이용

우리 주변에 작용-반작용의 원리를 이용한 예에는 로켓이 있습니다. 로켓은 불을 뿜으면서 하늘로 거침없이 날아갑니다. 로켓이 땅으로 불을 뿜고 땅이 로켓을 밀어내는 힘을 이용해서 하늘 위로 날아갈 수 있습니다. 땅으로 불을 뿜는 것이 작용, 땅이 로켓을 밀어 내는 힘이 반작용에 해당합니다.

노 젓는 배도 작용-반작용의 원리를 이용한다.

노를 젓는 배도 작용-반작용의 원리를 이용합니다. 노를 저어 물을 밀면 그에 대한 반작용으로 물은 배를 밀어 줍니다.

흔히 스프링클러라고 부르는 물뿌리개도 작용-반작용의 원리를 이용한 도

스프링클러

물을 흩어서 뿌리는 기구입니다. 흔히 작물이나 잔디에 물을 주는 데 사용됩니다. 또한 건물이나 천장에 설치하여 실내 온도가 70도 이상이 되면 자동으로 물을 뿜는 화재 진압 장치로도 사용합니다. 스프링클러는 기본적으로 수압으로 작동하지만 펌프를 이용해 전력이 약간은 필요합니다.

구입니다. 스프링클러는 수압으로 움직입니다. 스프링클러의 노즐은 수압을 모았다가 일정 수압 이상이 되면 물을 내뿜습니다. 물을 잘게 만들어 멀리 뿌리고, 이때 생기는 힘으로 노즐은 일정한 각도로 회전하게 됩니다. 노즐을 통해 뿜어져 나오는 물줄기는 한 방향으로 힘을 발휘하고, 그 힘에 반작용하여 스프링클러는 반대 방향으로 회전하지요. 스프링클러가 물을 미는 힘과 물이 스프링클러를 미는 힘이 작용-반작용의 관계입니다.

대포 역시 작용-반작용의 원리를 이용한 도구입니다. 대포에서 포탄이 발사되면 포신이 뒤로 밀리지요. 대포에서 포탄이 발사되는 것이 작용, 포신이 뒤로 밀리는 것이 반작용입니다.

야구 방망이 역시 작용-반작용의 원리를 이용한 도구입니다. 공이 날아와 야구 방망이에 힘을 주면, 야구 방망이는 반작용하여 공을 날립니다. 이 원리를 잘 이해하는 야구 선수가 좋은 경기를 할 수 있습니다.

스프링클러도 작용-반작용의 원리로 물을 뿌린다.

작용
반작용

로켓은 불을 뿜으며 땅에 작용하고 땅은 그 힘으로 로켓을 밀어주는 반작용을 한다.

Q&A 꼭 알고 넘어가자!

문제 1 자동차를 타고 가다가 좌회전이나 우회전을 할 때 몸이 한쪽으로 쏠리는 이유는 무엇인가요?

문제 2 고속도로의 커브 길을 비탈지게 만드는 이유는 무엇인가요?

3. 세탁기가 빨래를 다 한 뒤 탈수할 때 원심력을 이용합니다. 구멍이 숭숭 뚫린 세탁기 본체를 빠르게 돌려주면 원심력으로 인해 물방울이 밖으로 튀어 나가고 구멍보다 큰 빨랫감은 세탁기 본체 속에 남습니다. 롤러코스터도 이 원심력을 이용한 대표적인 기구입니다. 열차가 공중에서 도는데도 떨어지지 않는 이유는 빠르게 돌면서 생기는 원심력이 땅에서 기차를 잡아당기는 중력보다 크기 때문입니다.

4. 작용-반작용의 원리를 이용한 도구에는 로켓이 있습니다. 로켓이 땅으로 불을 뿜고 땅이 로켓을 밀어내는 힘을 이용해서 날아갑니다. 노를 젓는 배도 작용-반작용의 원리를 이용합니다. 노를 저어 물을 밀면 물은 배를 밀어 줍니다. 노로 물을 미는 것이 작용, 물이 배를 밀어 주는 것이 반작용입니다.

문제 3 우리 주변에 원심력을 발견할 만한 예를 들어 보세요.

문제 4 작용-반작용의 원리를 이용한 도구에는 무엇이 있나요?

정답

1. 원모양으로 운동하는 물체가 원 바깥쪽으로 움직이려고 하는 성질 때문입니다. 이런 성질을 원심력이라고 합니다. 자동차 안에 타고 있는 사람도 원심력을 받아 원 바깥 방향으로 몸이 쏠리는 것입니다.

2. 원심력에 의해서 자동차가 도로 밖으로 튕겨 나가는 사고를 방지하기 위해서입니다. 눈이나 비가 오지 않은 상태에서는 고속도로와 자동차 바퀴 사이의 마찰이 차가 미끄러지지 않을 만큼 충분히 커서 구심력이 제대로 작용합니다. 그러나 눈이나 비가 오면 고속도로의 마찰이 무시할 만큼 작아져 경사면의 역할이 중요해집니다. 도로 밖으로 나가려는 힘만큼 경사면으로 내려오는 가속도도 커지기 때문에 자동차는 안전하게 도로를 따라 내려올 수 있습니다.

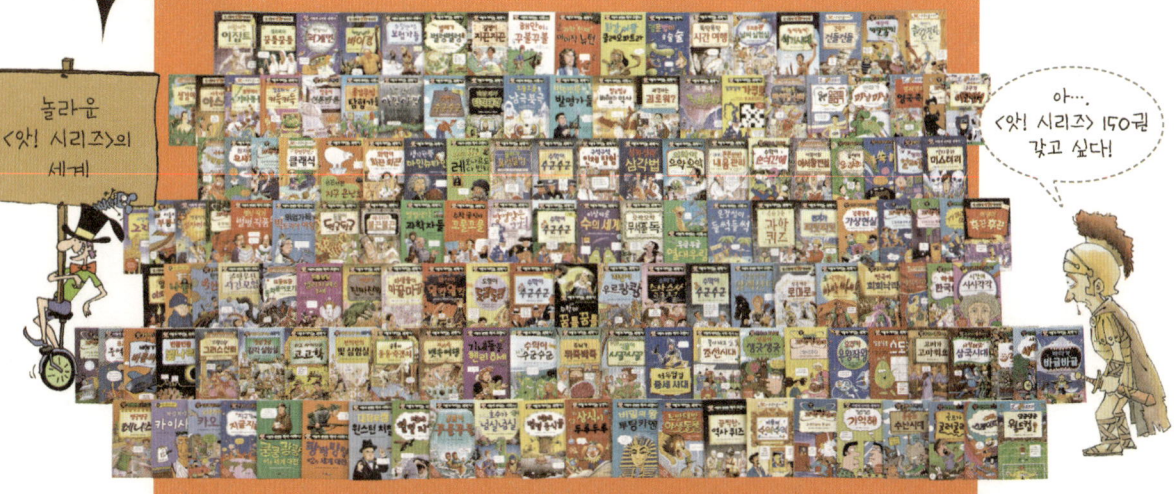